W0318640

Edition Akzente
Herausgegeben von
Michael Krüger

Ilja Kabakow
Boris Groys

Die Kunst der Installation

Aus dem Russischen von
Gabriele Leupold,
Irena Belikowa
und Thomas Wiedling

Carl Hanser Verlag

ISBN 3-446-18527-5
Alle Rechte vorbehalten
© 1996 Carl Hanser Verlag München Wien
Umschlag: Nach einem Entwurf von Klaus Detjen
unter Verwendung einer Entwurfszeichnung von Ilja Kabakow
Gesamtherstellung: Friedrich Pustet Regensburg
Printed in Germany

Inhalt

Vorwort

Dieser Band mit Gesprächen mit Ilja Kabakow ist die Fortsetzung eines früher erschienenen Bandes *Die Kunst des Fliehens*. In diesem wurden die Situation der russischen inoffiziellen Kunst in den sechziger und siebziger Jahren und die künstlerischen Strategien von Kabakow in jener Zeit geschildert. Im vorliegenden Band handelt es sich um die Arbeiten und Erfahrungen Kabakows im Westen nach seiner Übersiedlung Ende der achtziger Jahre.

Ich habe Kabakow im Jahre 1977 kennengelernt, nachdem ich von Leningrad nach Moskau umgezogen war. Noch in der Leningrader Zeit hatte ich ein paar Texte über die moderne Kunst geschrieben, die in der Leningrader Untergrundzeitschrift *37* abgedruckt wurden und so auch ihren Weg nach Moskau gefunden hatten. Diesen Texten verdankte ich die Bekanntschaft mit einigen inoffiziellen Moskauer Künstlern wie Eduard Steinberg und Viktor Piwowarow. Sie haben mich in ihre Ateliers eingeladen, mir ihre Arbeiten gezeigt und mich mit anderen Künstlern bekannt gemacht, unter ihnen auch Kabakow, dessen Arbeiten auf mich sofort einen tiefen Eindruck gemacht haben. Zum ersten Mal habe ich das Werk eines lebenden Künstlers gesehen, in dem derart konsequent die kommunikative Dimension der Kunst untersucht wurde. Es wurden dabei alle möglichen Täuschungen, Selbsttäuschungen, Absurditäten, Mißverständnisse, Sackgassen und Unmöglichkeiten vorgeführt, die aus dem Wunsch entstehen, mittels der Kunst etwas mitzuteilen. Und zugleich blieb der Wille des Künstlers zu einer solchen Mitteilung ungebrochen. Das spürte man, und deswegen konnte man die erbarmungslose Ironie Kabakows gut ertragen.

So funktionierte damals die Leningrader und Moskauer inoffizielle Szene. Man konnte erst dann Arbeiten eines inoffiziellen Künstlers sehen oder Texte eines inoffiziellen Autors lesen, wenn man selbst etwas in dieser Art produziert hatte. Es gab in dieser Szene keine Unbeteiligten, man konnte niemals bloß Leser oder Betrachter sein. Das Publikum bestand beinahe ausschließlich aus Kollegen. Meistens ist ein solcher Zustand fürchterlich, denn in der Regel herrschen dort Eifersucht, Ehrgeiz und Konkurrenzneid, die ein abgewogenes Urteil über die Arbeit des anderen unmöglich machen. Die Autoren und Künstler der russischen inoffiziellen Szene verband aber eine tiefe emotionale Solidarität, ein Effekt der Unterdrükkung durch den Staat. Darüber hinaus spielten die Verlockungen des Erfolges keine nennenswerte Rolle, denn, was immer man produzierte, man hatte keine Aussicht auf Karriere, Geld oder breite Anerkennung. So war man gelassen und fand im Gespräch mit Kollegen den einzigen Lohn für seine Arbeit. Jeder fühlte sich deswegen verpflichtet, der Arbeit des anderen erhöhte Aufmerksamkeit zu schenken und sie wohlwollend, wenn auch kritisch zu kommentieren.

Aber sogar in diesem ausgesprochen gesprächsfreundlichen Milieu fiel die Vorliebe Kabakows für das Gespräch auf. Für ihn ist das Gespräch eine Kunstform, die er besonders gerne praktiziert, und seine eigentliche Kunstproduktion lebt auch im wesentlichen davon. Vor allem seine Arbeiten der siebziger Jahre sind aus dem Geist des Gesprächs geboren: sie sind Niederschriften von realen und fiktiven Gesprächen über reale oder fiktive Bilder, wie sie in den Moskauer Wohnungen und Ateliers der inoffiziellen Szene der damaligen Zeit geführt wurden. Diese starke Vorliebe für das Gespräch ist auch mir eigen. So haben Kabakow und ich zwischen 1977 und meiner Emigration Ende 1981 Stunden um Stunden in endlosen Gesprächen verbracht – jenseits jeder Realität hinter den Wänden seines Ateliers.

Deswegen ist, als Kabakow in den Westen kam, die Idee entstanden, uns an diese Gespräche in Form eines Buches zu erinnern. Als Produkt des einige Tage währenden, fast ununterbrochenen Sprechens entstanden Tonbänder, aus denen ich danach – in enger Abstimmung mit Kabakow – einen zusammenhängenden Text gemacht habe. Das korrigierte russische Manuskript des Textes wurde dann als zentraler Teil der *Ausstellung eines Buches* (1991) in der daadgalerie in Berlin ausgestellt und im gleichen Jahr vom Carl Hanser Verlag unter dem Titel *Kunst des Fliehens* publiziert.

Dieses Buch atmet noch die Atmosphäre unserer gemeinsamen Moskauer Jahre. Seitdem hat sich die Situation aber drastisch verändert. Die Sowjetunion wurde aufgelöst, Rußland hat sich zum Westen hin geöffnet. Diese Veränderungen haben allerdings keineswegs nur reine Freude in die Wohnungen und Ateliers der Moskauer inoffiziellen Kunstszene gebracht. Im eigenen Land ist diese Szene kulturell isoliert geblieben. Wo die Demokratie herrscht, herrscht in der Kunst der Geschmack der Mehrheit. Die inoffizielle Kunstszene konnte diesen Geschmack nicht beeinflussen, weil sie für ihn all diese Jahrzehnte hindurch unsichtbar geblieben war. Also wird sie auch heute, nach dem Wechsel der Macht, nicht anerkannt und nicht geschätzt. Darüber hinaus wird sie als kulturelle Agentur des Westens empfunden – als etwas, was der Westen den Russen durch ökonomische Überlegenheit aufzwingen will, obwohl es ihnen selbst nicht gefällt. Das ruft ein zusätzliches Ressentiment hervor. Und schließlich: die Erinnerung an die inoffizielle Kultur, die in den Zeiten der sowjetischen Herrschaft zumindest kulturell jenseits dieser Herrschaft lebte und auch politisch nicht mitgemacht, wenn auch keinen aktiven Widerstand geleistet hat, stört den für das heutige Rußland wichtigen Mythos vom russischen Volk, das als ein einheitliches Ganzes aus einer Epoche seiner Existenz in die andere übergegangen ist.

Alles in allem bleibt für die Vertreter der früheren Moskauer Szene nur der Westen als Ort einer möglichen Anerkennung. Und damit auch als Ort des physischen

Überlebens, denn im heutigen Rußland kann man ohne Geld und Karriere kaum mehr überleben. Wo früher alles mehr oder weniger gemütlich und gesichert war, tobt jetzt der Existenzkampf auf Leben und Tod. Dafür sind die Künstler und Autoren des früheren Moskauer Undergrounds aber nicht geschaffen. Also gehen sie in den Westen, wo sie wiederum, mit wenigen Ausnahmen, kaum Anerkennung finden, denn der Westen interessiert sich vor allem für das Aktuelle und Repräsentative. Die Inoffiziellen sind aber per definitionem nicht repräsentativ und nicht aktuell.

Aber auch diejenigen, die im Westen kulturell überleben konnten, geraten in eine extrem veränderte psychologische Lage. Gerade sie, die sich im Laufe ihres ganzen Lebens daran gewöhnen mußten, primär in der Familie, unter Freunden und im vertrauten Kreis von ihresgleichen abseits des großen gesellschaftlichen Treibens zu leben, wurden in die fremde Welt katapultiert, in der sie gar keine solchen, über Jahre gewachsenen Bindungen haben und sich in vollständiger emotionaler Isolation befinden. Ihre Partner in dieser neuen Welt sind meistens, wenn nicht ausschließlich, die Menschen, mit denen sie früher nie in Kontakt gekommen waren, da sie nie publiziert oder ausgestellt hatten: Kuratoren, Galeristen, Verleger, Professoren, Kulturfunktionäre, Journalisten. Diese Menschen bilden für die ehemaligen inoffiziellen und halboffiziellen russischen Künstler im Westen eine neue virtuelle Familie, die zwar sehr nett, aber auch nicht völlig frei von eigenen Familienproblemen ist.

So haben Kabakow und ich unsere Gespräche im Westen auch unter etwas anderen Bedingungen fortgeführt. Wir können uns nicht mehr treffen, wann wir wollen, sondern sehen uns, falls wir zusammen eingeladen werden, bei den unterschiedlichen Familientreffen, wie Vernissagen oder Podiumsdiskussionen, die von anderen und anläßlich bestimmter Familienereignisse, wie Biennalen oder Festivals, veranstaltet werden. Diese neuen

Bedingungen finden ihren Niederschlag auch in der Form und im Inhalt dieser Gespräche. Sie sind nicht mehr endlose Unterhaltungen über Gott und die Welt, sondern konzentrieren sich auf konkrete Themen, wie etwa die neuen Installationen von Kabakow. Diese Gespräche wurden jetzt von Anfang an mit Blick auf eine mögliche Publikation geführt. So haben wir gedacht, daß es sinnvoll ist, auch diese neue Etappe unserer Gespräche zu dokumentieren und in einem längeren einführenden Gespräch ihren neuen Kontext zu reflektieren. Daraus entstand der vorliegende Band, der nicht mehr das Fliehen, sondern das Angekommensein in Gestalt von ständiger Zirkulation zum Thema hat.

Boris Groys

Dialog über den Westen

Boris Groys (G). Ilja, wir beide haben schon sehr viele Gespräche geführt. Meistens haben wir dann über Rußland gesprochen, weil das unsere gemeinsame Erfahrung war. Inzwischen hat sich bei uns beiden eine recht große Erfahrung mit dem westlichen Leben angesammelt, die vor allem anderen die künstlerischen Institutionen und ihr Funktionieren betrifft. Das, was wir dort, in Rußland, über die westliche Kunst wußten, war, glaube ich, richtig. Ich jedenfalls habe nicht das Gefühl, daß ich in dieser Hinsicht etwas revidieren mußte, als ich in den Westen kam. Was aber für mich tatsächlich eine völlig neue Erfahrung war, das sind die realen Zusammenhänge, innerhalb derer all diese künstlerischen Aktionen, Stile und Diskussionen funktionieren, das heißt, die tatsächliche Maschinerie der kulturellen Produktion im Westen. Aufgrund dieser Erfahrung fing ich an, viele Dinge anders zu sehen, weil ich jetzt ihren pragmatischen, realen Kontext kenne. Hast du eine solche Erfahrung auch gemacht?

Ilja Kabakow (K). Ja, etwas sehr Ähnliches habe ich auch erlebt, weil sich in groben Zügen meine frühere Vorstellung von der westlichen künstlerischen Welt auch bestätigt hat: Ich hatte nicht das Gefühl, daß ich etwas völlig Überraschendes, Neues gesehen habe, worüber ich mich besonders wundern müßte. Aber eine Umstrukturierung der früheren Vorstellung hat stattgefunden.

Und das vor allem, weil für mich, wenn ich mir in Rußland das künstlerische System des Westens vorstellte, die Künstler eine große Rolle spielten, ihre persönliche kreative Aktivität. Ihre autonome Existenz hatte ich mir erheblich großartiger vorgestellt, intensiver und selbständiger, als es in Wirklichkeit war. Ich glaubte, daß sich die Künstler vor allem in ihren internen Zirkeln treffen, daß sie unablässig künstlerische Fragen erörtern, daß sie untereinander sehr engen Kontakt haben, daß sie künstlerische Strömungen bilden, die sich miteinander verflechten, sich voneinander lösen und so fort. Und die Kunstinstitutionen sähen nur diese lebendigen Prozesse und versuchten, sich darin einzuhören, sich irgendwie darauf einzustellen. Diese Institutionen selbst dachte ich mir ziemlich starr, als beinahe bürokratische Organisationen. Also: das lebendige Gewebe eines unwahrscheinlich kreativen, aktiven und lustigen künstlerischen Lebens und umgekehrt die trockene Organisation jener Orte, an denen es sich zeigen soll – Galerien, Ausstellungssäle, Museen usw.

Diese Vorstellung allerdings hat sich stark verändert im Laufe meines Lebens hier. Jetzt stellt es sich mir genau umgekehrt dar. Die Künstler erscheinen mir als ausgesprochene Bürokraten, die sich ohne Anteilnahme und vollkommen desinteressiert zueinander und selbst zu ihrer eigenen Arbeit verhalten – so nach dem Motto »Der Schneider schneidert, und der Schmied schmiedet«. Das heißt, jeder wiederholt systematisch, wie ein Grashüpfer, ein und dasselbe, jeder zirpt auf seinem Zweig und erfüllt vollständig, was man so nennt: »Schuster, bleib bei deinem Leisten.« Die Beziehungen zwischen den Künstlern sind nicht nur nicht herzlich oder, was ich noch mehr dachte, lebendig, aktiv und dauerhaft, ich habe, im Gegenteil, solche Beziehungen überhaupt nirgends gesehen. Alle sind natürlich schrecklich höflich – nicht, daß die Künstler einander beißen oder übereinander herfallen. Aber zugleich erinnert ihre wechselseitige Gleichgültigkeit an eine Zugfahrt von vielleicht vierhundert Kilometern: Jeder ist nur darauf bedacht, daß ihm der Nachbar nicht auf die Füße tritt. Das, was wir die »internationale künstlerische Öffentlichkeit« nennen, ist ja überhaupt die reinste Wüste. Die Künstler rennen nur in die verschiedensten Richtungen und sind überhaupt nicht aneinander interessiert. Die bekanntesten Künstler wohnen oft in ein und derselben Stadt, sogar in ein und demselben Bezirk, aber sie haben untereinander keinerlei Kontakt, und wenn doch, dann wundern sie sich darüber. Wenn sie sich treffen, wissen sie nicht, was sie sich sagen sollen, weil sozusagen alles geklärt ist und weil darum weder du an mich noch ich an dich irgendwelche Fragen habe.

Umgekehrt aber: Die Kunstinstitutionen, die ich mir natürlich als sehr maßgebend, wichtig und gut informiert vorgestellt habe, aber die in meiner Phantasie ganz unkonturiert waren, stellen jene kreative und aktive Gemeinschaft dar, die in dieser Hinsicht die Künstlerkreise einfach abgelöst hat. Diese Institutionen sind keineswegs starr. Sie sind eine freie Gemeinschaft von Leuten, die mir, im Vergleich zu den Künstlern selbst, sehr idealistisch gesonnen vorkommen. Das Miteinandersprechen stellt ihre Hauptbeschäftigung dar. Und dieses Miteinandersprechen ist durchaus kein bloßes Herumsitzen und Kaffeetrinken. Leidenschaftlichere und interessiertere Gespräche über Kunst als unter den Mitarbeitern kultureller Institutionen habe ich nirgends gehört. Dort herrscht wirklich das, was man »russischer Tisch in der Gemeinschaftsküche« nennt, an dem jede Frage, über die gesprochen wird, als aktuell und zentral betrachtet wird. All das bildet ein sehr dichtes und in sich geschlossenes künstlerisches Milieu. Ich habe mich nicht versprochen mit dem Wort »künstlerisch«. So ist es tatsächlich. Dieses Milieu ist eigentlich auch die Basis der heutigen Kunstwelt, es ist das Feld der intensivsten Kontakte zwischen den Menschen. Und diese sind nicht irgendwelche mißmutigen Individualisten wie die Künstler von heute, die sich aber auch für gar nichts interessieren, außer dafür, wie sie ihre eigenen Sachen hinkriegen, sondern Menschen mit einem weiten kulturellen Horizont. Oft sind das Leute, die in sich die Fähigkeiten des Kunstkritikers und Kunsthistorikers mit einer feinen Intuition vereinen, Leute mit einem sehr scharfen Gespür für das Neue und zugleich einer guten Kenntnis der Geschichte – im Grunde das, was ich mit dem Bild des idealen Künstlers verband.

G. Ich denke, daß diese Andersartigkeit des Westens

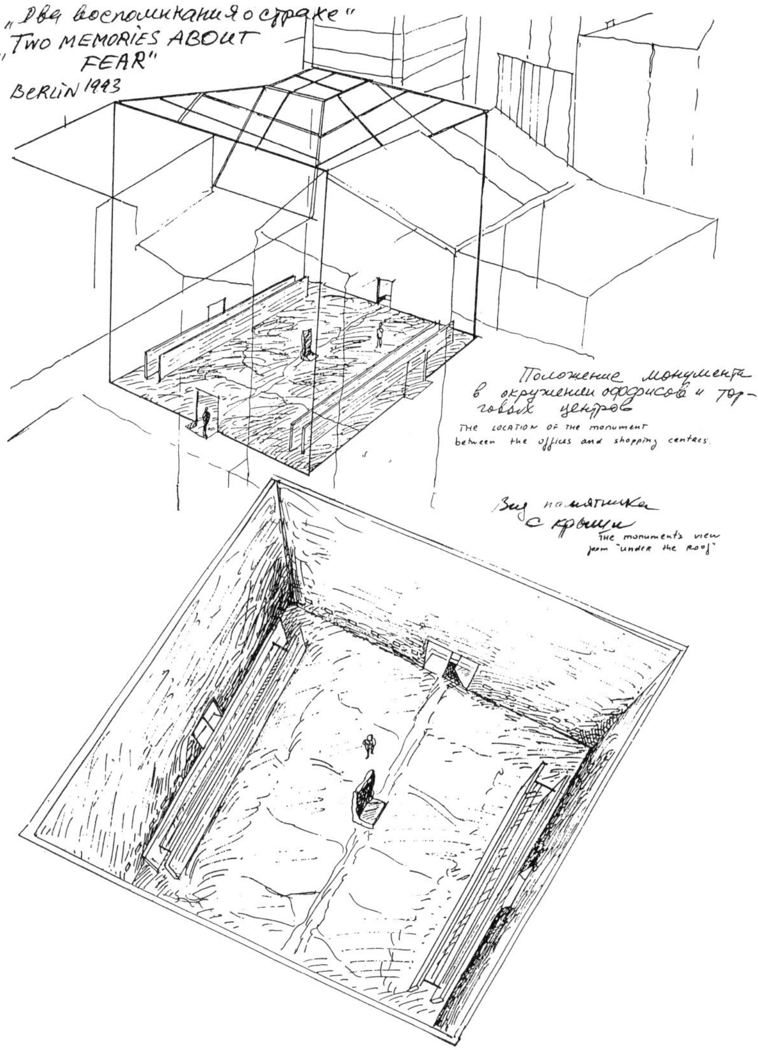

Projekt der Installation »Zwei Erinnerungen an die Angst«. Berlin 1993

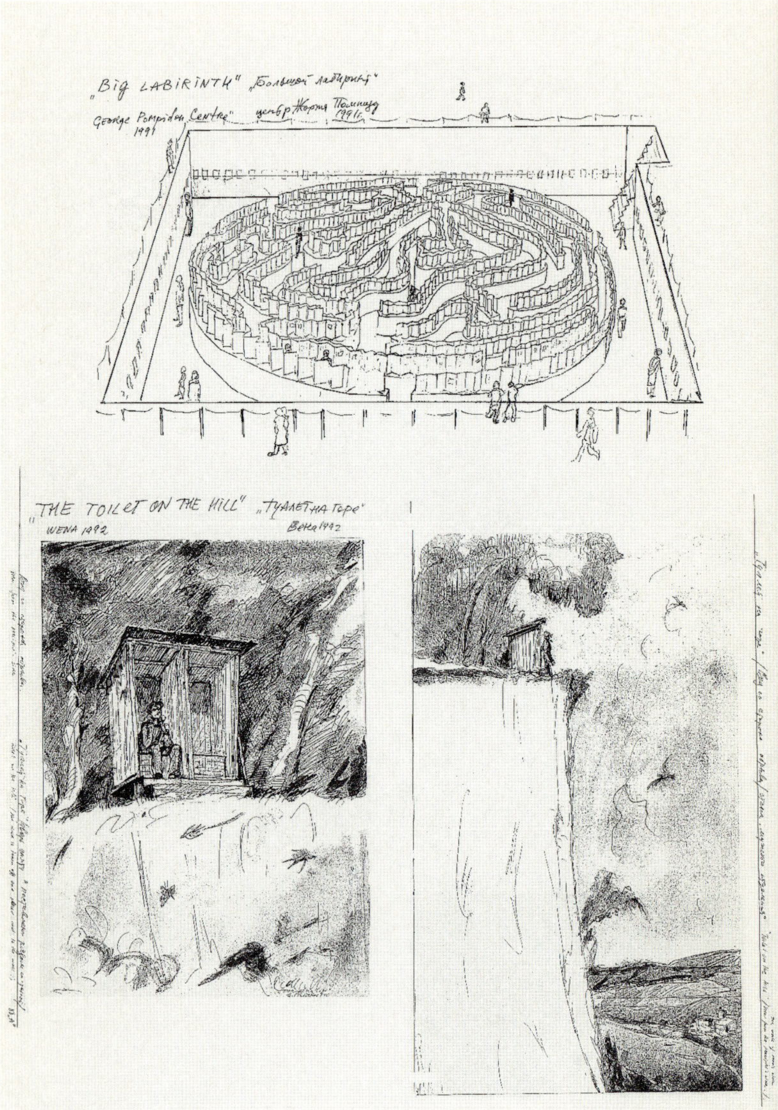

Projekt der Installationen »Das große Labyrinth« und »Die Toilette auf dem Berg«

Projekt der Installationen »Drei Lieder über das Vaterland« (Prag 1993) und »Goldene Äpfel« (Wien 1993)

im Vergleich zu Rußland, wo die Künstler interessant sind und die Institutionen uninteressant, mit dem allgemeinen Verhältnis von Konsumsystem und Produktionssystem zu tun hat. In Sowjetrußland war das Moment der Produktion zentral, wobei als das wichtigste die Produktion von Produktionsmitteln galt. Der Konsum spielte im Grunde überhaupt keine Rolle, und wenn man etwas produzierte, dann stellte man sich niemals die Frage, für wen oder wozu man das tat. Es ist interessant, daß Kasimir Malewitsch gleich nach der Oktoberrevolution gefordert hat, die künstlerischen Institutionen den Kuratoren und Kritikern aus der Hand zu nehmen und sie den Künstlern zu übergeben, damit sie sich von Konsumtionsmitteln in Produktionsmittel verwandelten. Im Westen aber herrscht das Prinzip »Die Nachfrage erzeugt das Angebot«. Und dieses Prinzip herrscht überall, auch im Bereich der Kunst. Das heißt, in Wirklichkeit ist die Nachfrage wichtig und sind jene Leute wichtig, die die Nachfrage strukturieren. Sobald diese Nachfrage strukturiert ist, wird sich das Angebot mit Sicherheit einfinden. Das heißt, die Rolle des Künstlers ist im Westen darum geringer, weil sie sich auf das Erkennen der kulturellen Nachfrage und die Reaktion auf diese Nachfrage beschränkt. In diesem Sinne ist die Rolle des Künstlers, wie sonderbar das auch scheint, eine passive, während die Rolle der Kunstinstitutionen, die diese Nachfrage formulieren, umgekehrt aktiv ist.

K. Ganz richtig. Ich stimme dir vollkommen zu, daß der heutige Konsument die bestehenden Kunstinstitutionen sind und die Künstler sich im Grunde nur an deren Nachfrage ausrichten.

Dabei dominieren heute sozusagen die uneigennützigen Konsumenten. Die Rolle der Sammler, das heißt, der traditionellen privaten Konsumenten ist mir erstens vollkommen unbekannt, und zweitens interessiert sie mich nicht im geringsten. Der uneigennützige Konsument, das heißt, der Kurator, stellt den Gegenstand aus und gibt ihn wieder zurück. Diese Ausstellungsmacher halte ich für außerordentlich aktiv und wichtig und für die tatsächlichen Konsumenten meiner Kunst. Das heißt, daß der heutige Konsument von Kunst jemand ist, der die Kunst nicht in ihrer materiellen Verkörperung besitzen will.

Die Rolle der privaten Konsumenten, das heißt der Leute, die diese Arbeiten bei sich zu Hause aufhängen, sie erhalten, schonen und den Staub von ihnen wischen, wird für das heutige Produzieren geringer. Oder vielleicht wird sie auch nicht geringer, aber das Produkt, das dieser Konsument verlangt, wird immer schlechter. Mehr noch: Der Hersteller dieses Produkts sinkt in seinem Künstlerstatus, und allmählich bildet sich die Meinung, er arbeite einfach nur für den Markt.

Erst kürzlich war ich auf einer Ausstellung von David Salle. Na, nehmen wir an, ich habe Salle in Reproduktionen gesehen, aber nachdem ich eine große Zahl von Salles Arbeiten im Original gesehen habe, empfand ich (natürlich nicht gegenüber Salle, sondern gegenüber dieser Produktion) einen tiefen Ekel. Warum? Weil da geschrieben stand, daß man sie kaufen und an die Wand hängen wird. Ja und? Ist das schlimm? Der Künstler wird aufgehängt – gut, und du mußt ihn beneiden, weil er aufgehängt wird und du selbst nicht. Aber die ganze Atmosphäre der Ausstellung hatte so etwas Amoralisch-Unschickliches ... So etwa: ein anständiger Mensch hängt das doch nicht an die Wand. Das tut man nur aus allen möglichen zweifelhaften Prestigeerwägungen, zur Demonstration seiner Zugehörigkeit zu einem bestimmten Kreis und so weiter. Die private Nachfrage nach Kunst heute wirkt so, als handelten die Sammler aus irgendwelchen unschicklichen Antrieben, – in gewissem Sinne aus heutiger Sicht sogar aus unmoralischen. Während nichts zu konsumieren höchst moralisch und respektabel wirkt. Bilder im Museum anzuschauen und sie dort aufzuhängen ist respektabel, sie aber bei sich zu Hause zu haben – das ist doch weniger ehrenhaft.

Dieses Absinken des Sammlerstatus fällt deutlich ins Auge. Das Pendel der Moral schwingt das ganze 20. Jahrhundert über von einer Institution zur anderen. Zu Beginn des Jahrhunderts waren die moralisch einwandfreien Kunstkenner einzelne Sammler. Oder Mäzene, die vielleicht nicht unbedingt kauften, aber als Gönner künstlerischer Gruppierungen oder einzelner Künstler auftraten. Damit verbunden ist die (man kann sie groß nennen) Epoche der Galerien, deren Untergang in die sechziger Jahre fällt. Seit Mitte der sechziger Jahre und bis zum heutigen Tag kommt die echte Nachfrage nur noch von den Museumsdirektoren und Kuratoren.

G. Ich denke, das hat mit dem allmählichen Niedergang des Kapitalismus zu tun, den wir jetzt erleben und der in Wirklichkeit viel intensiver und schneller fortschreitet als das, was man den Niedergang des Sozialismus nennt. Was sind diese Institutionen? Diese Institutionen bestehen aus Leuten, an die die Gesellschaft, oder der Staat, die Sphäre der Nachfrage nach Kunst deligiert. Dabei ist es nicht wichtig, auf welcher Grundlage und nach welchen Kriterien er ihnen dieses Recht übertragen hat – wichtig ist nur, daß er es getan hat. Das Problem der privaten Sammler, Galeristen usw. besteht darin, daß sie sich mit Kunst beschäftigen, ohne dazu ein gesellschaftliches Mandat zu haben.

K. Und was ist mit dem Recht auf privates Eigentum? Oder existiert das nicht?

G. Ich denke, daß die Kulturrevolution von 1968 den Kapitalismus in seiner klassischen Variante vollendet hat. Natürlich können die Kapitalisten heute weiterhin in ihrer Rolle fungieren, aber ihr Besitz an privatem Vermögen bedeutet nicht mehr die gesellschaftliche Sanktionierung ihres guten Geschmacks oder ihres Rechts, etwas zu definieren usw. Das heißt, in der Demokratie, in der wir leben, gibt es, so wie es politische Institutionen gibt, denen die Lösung politischer Probleme übertragen ist, auch ästhetische Institutionen, denen die Lösung ästhetischer

Probleme übertragen ist. Alle, die sich außerhalb dieses Delegierungssystems mit Kunst beschäftigen, gelten letztlich als Usurpatoren. Und so schaut man dann auf sie herab. Das Zentrum dieses Delegierens ist traditionell das Museum, weil das Museum von der Idee her eine staatliche Institution ist, und die Rolle der Museumskuratoren besteht darin, das auszustellen und zu sammeln, was die Gesellschaft oder der Staat als Kunstwerte identifizieren können.

Aber auch hier gibt es bestimmte Probleme. Erstens ist trotz allem unklar, nach welchen Kriterien diese Kuratoren auf ihre Stellen berufen wurden, von welchen Werten sie sich leiten lassen und in welchem Maß die Gesellschaft und der Staat de facto bereit sind, sich mit den Resultaten ihrer Tätigkeit zu identifizieren. Aber das ist, würde ich sagen, ein Teilproblem. Ich denke, das zweite Problem, auf das wir jetzt stoßen und auf das du, glaube ich, in deiner Kunst ebenfalls mehr und mehr reagierst, ist die Krise des Museums selbst, seine Krise als Institution, weil es nicht mehr wie früher Kunst sammeln kann: Es fehlt an Platz, an Geld und an Handlungsfreiheit. Das Museum hat seinerzeit die Kirche abgelöst, indem es den Menschen eine andere Form der Unsterblichkeit versprach – wobei diese andere Form der Unsterblichkeit nicht mehr von der Kirche garantiert werden sollte, sondern vom Staat. Daher spielt der Staat auch eine solche Rolle im System der Kunst – der Privatsammler kann nicht Unsterblichkeit versprechen, er kann nur Geld versprechen, und das ist nicht genug. Aber ich glaube, daß die Bereitschaft des Staates, die Unsterblichkeit zu sichern, heute abnimmt. Und der Künstler reagiert auf diese Drohung seitens des Staates – seine Arbeiten nicht mehr zu erhalten – mit der Schaffung von Mechanismen ihrer Selbstvervielfältigung. Die neuen künstlerischen Strategien erinnern mich an Heuschreckenschwärme, die, wenn sie auf ein Feld niedergehen, alles auffressen und sich von selbst verbreiten ohne die Aufsicht irgendwelcher Instanzen. Und ich habe das Gefühl, daß dieses Modell sich mehr und mehr ausbreitet. Die zeitgenössischen Künstler haben Methoden entwickelt, die ihnen – zumindest potentiell – die Möglichkeit geben, in enormem Tempo eine enorme Zahl an Arbeiten zu schaffen. Diese Arbeiten können schon prinzipiell von keinem Museum assimiliert werden.

K. Ja, diese Aktivität bei der Vervielfältigung der eigenen Arbeiten über die gesamte Fläche des Erdballs ist jetzt offenkundig. Diese Tendenz, die sich praktisch bei allen sogenannten »führenden« internationalen Künstlern beobachten läßt, drängt sich einem geradezu auf. Sie hat natürlich zu tun mit einem Verlust an Vertrauen zum einzelnen Staat und mit einer Zunahme des Vertrauens zum universellen System der Museen, das im Prinzip die gesamte Fläche des Erdballs überziehen kann. Man kann natürlich sagen, daß alle Welt die Arbeiten von Joseph Beuys sehen möchte, aber in Wirklichkeit wissen wir, daß es sich genau umgekehrt verhält, daß die Kunstinstitutionen nämlich Helfershelfer, ja, geradezu Opfer der persönlichen Expansion der Künstler sind, die darauf abzielt, überall ausgestellt zu werden und mit den eigenen Ziffern und Buchstaben, mit irgendwelchen Stoffstücken, Mehl- oder Erdsäcken innerhalb möglichst kurzer Zeit so viele Quadratmeter der Erdoberfläche wie nur möglich zuzudecken. Dieses süße Gefühl – ich betrete mit meinem Fuß in ein und demselben Augenblick viele verschiedene Gegenden der Erde – weckt in uns natürlich nicht sehr angenehme Assoziationen, aber trotzdem sieht so die heutige künstlerische Realität aus. Mehr noch: Dieser Wunsch ist nur dann erfüllt, wenn man weiß, man wird überall auf der Welt ausgestellt – wie heute beispielsweise Beuys. Es gibt Myriaden von diesen Ausstellungen, aber es ist wichtig, daß sie nicht irgendwo an einem Ort stattfinden, zu dem die Anhänger pilgern, sondern überall, um jeden Anhänger zu desorientieren. Selbst wenn sich jemand entschlösse, mit dem Flugzeug alle Beuys-Ausstellungen abzufliegen – er würde es nicht schaffen: sie bedecken gleichzeitig, einander behindernd, gewaltige Territorien.

G. Früher lag die Garantie der Unsterblichkeit in der materiellen Erhaltung eines Dings – eines bestimmten Objekts, das als wertvoll galt. Das heißt: Der Künstler hat beispielsweise ein Meisterwerk geschaffen, er hat zwei Jahre gearbeitet, drei Jahre gearbeitet – und dieses Meisterwerk wird erhalten, der Staat steht mit seiner militärischen und wirtschaftlichen Macht für seine Erhaltung ein. Aber jetzt ist die Orientierung am Museum verschwunden und die Orientierung an den Medien gekommen. Ich glaube, dem Bewußtsein des zeitgenössischen Künstlers schwebt etwas vor wie den Regisseuren Spielberg oder Lucas, die ihre Filme in allen Kinos der Welt gleichzeitig zeigen. Oder wie das Fernsehsystem, das auf einen Schlag Millionen und Abermillionen Menschen erreicht. Auch der Künstler strebt vom Paradigma der Erhaltung des einzelnen Dings zum Paradigma der Reproduktion. Die heutige Kunst arbeitet mit der postduchampschen Methode des Ready-made – und das ist in Wirklichkeit auch die Methode der Reproduktion: Du nimmst ein Ding, stellst es in eine Ausstellung und reproduzierst es damit. Der Akt des Ausstellens unterscheidet sich im Grunde in nichts vom Akt der Vorführung eines Filmes. Mehr noch: Er ist sogar schneller. Nach Duchamp entstand eine Technologie der Kunst, die den Künstler genauso schnell macht wie die heutige Medienproduktion. Der Künstler kann, durch die Nutzung der Technik des Ready-made oder durch das Aufbauen von Installationen an den unterschiedlichsten Orten, dasselbe Tempo erreichen wie Steven Spielberg. Die Technik der Installation, die du verwendest, ist auch außerordentlich schnell. Und ich glaube, daß jeder Künstler, der jetzt Erfolg hat, seine eigene Technik so modifiziert hat, daß sie sich in einen Mechanismus zur sehr schnellen technischen Reproduktion der ursprünglichen Information verwandelt hat.

K. In diesem Zusammenhang möchte ich sagen, daß mir, als ich dein Buch *Über das Neue* las und deine Betrachtungen über das Wechselverhältnis von Kunst und Geldsystem, eine Idee gekommen ist, die deine letzte Bemerkung betrifft. Du verweist auf die Möglichkeit der Reproduktion mittels der Methode des Ready-made. Ich habe eine, wie ich finde, erschreckende Entdeckung gemacht, die ich dir jetzt mitteilen will. Ich möchte sagen, es gibt ein noch schrecklicheres, noch schlimmeres System, das ich mit der Existenz solcher Multiplikationssysteme wie bei Picasso oder Warhol verbinde. Es springt ins Auge, wie sie eine Arbeit nach der anderen ausstoßen – wie eine Maschine, die Geld druckt. Bei dem einen wie dem anderen haben sich die Bilder in eine Art Fiktion verwandelt und kommen daher wie große Banknoten, wie Dollars. Das ist, glaube ich, das auf das Ready-made folgende System, wo der Künstler weder ein einmaliges Kunstwerk schafft (das ist längst vergessen) noch ein Ready-made, das auch bestimmte künstlerische Operationen erfordert, sondern eine gewisse Fiktion dessen produziert. Wieviel Ready-mades du auch machst, ihre Zahl ist begrenzt – das muß man sich klarmachen. Picasso und Warhol gehen erheblich weiter – sie schauen voraus. Sie bringen ihre Währung in solcher Menge heraus, daß sie erstens niemals in einen einmaligen Gegenstand verwandelt werden kann und dann niemals von der Erdoberfläche verschwindet. Das ist sehr wichtig. Sie ist wie der Samen von Pflanzen: Sie wird in solchen Mengen ausgestreut, daß sie trotz aller Schrecken der Natur, trotz Vandalismus und so weiter niemals in einen einzigen letzten Gegenstand verwandelt wird.

Bei allem genialen kommerziellen Verstand und bei dem großen Talent von Warhol sieht man doch deutlich das Überbordende seiner Produktion, das man irgendwie erklären muß. Meine Erklärung ist die: Warhol und Picasso dachten an die Schaffung einer eigenen Währung. Das ist eine vollkommen andere künstlerische Strategie als die Strategie früherer Jahre, und sie läuft darauf hinaus, daß man nicht einzelne Werke kauft, sondern beispielsweise Picasso als eine Währung, wie es etwa der Dollar, die D-Mark, der Franc sind. Du mußt immer einen Schein zur Hand haben, der ein tauschfähiges Äquivalent aller übrigen Gegenstände dieser Welt ist. Alles andere ist endlich – nur der Dollarschein ist unendlich. Picassos wie Warhols Größe liegt für mich in dieser genialen Entdeckung. Sie haben ihre künstlerische Produktion dahin getrieben, daß man die anderen Künstler gegen Picasso oder Warhol kaufen kann. Du verstehst, wovon ich spreche. Ich denke, daß das, was diese beiden Genies entdeckt haben, nach und nach beginnt, in die Masse aller ihrer Kollegen einzudringen. Der heutige Künstler produziert nach dem System dieser beiden Meister – und diese massenhafte unendliche Produktion, von der du gesprochen hast, folgt ihrem Beispiel.

G. Ja, ich beobachte, daß jetzt sehr viele Künstler – besonders typisch ist das für die Videokunst – ihre Arbeiten von Anfang an so machen, daß das Kunstwerk bei der Reproduktion nichts verliert, das heißt, daß die Reproduktion in jeder Hinsicht mit dem Original identisch ist. Die Kunst, glaube ich, bewegt sich in diese Richtung. Wenn wir so ein Produkt erhalten, das dank einer Reproduktionstechnik (der digitalen oder irgendeiner anderen) nichts von seiner Qualität verliert, dann erhalten wir auf der technischen wie der ökonomischen Ebene dieses Währungssystem, das heißt, wir erhalten ein System der potentiell unendlichen Vervielfältigung.

K. Ja, aber ich würde damit gerne die Frage nach den letzten Zielen verbinden, die sich jeder Künstler stellt.

Entscheidend ist die Frage der persönlichen Unsterblichkeit und der Selbstbewahrung und keineswegs die humaner Sorgen um die Kunst. Jeder Künstler geht davon aus, daß seine Währung, das heißt eben jener »Geldschein«, den er zeichnet, im Verhältnis zu einer anderen Währung nicht an Wert verliert. Wir wissen, daß es eine gewaltige Zahl von Währungen auf dieser Erde gibt, von denen die einen in rasantem Tempo an Wert verlieren, und andere, verwünschte das aus irgendeinem Grund partout nicht schaffen, wie sehr ihr Nachbar das auch erwartet. Das Ganze ist ärgerlich: den einen alles, den anderen nichts.

Warum wird die Währung Picassos immer stärker, und man kann sich schwer vorstellen, daß sie schwächer wird in den kommenden zehn Jahren, obwohl alle sehen, daß das, was er in seinen letzten Jahren produziert hat, »mit heißer Nadel« gemacht ist, so wie das jeder kann? Genauso wie das Gesicht von Marilyn Monroe in millionenfacher Auflage zu drucken oder vielleicht Schweine in verschiedenen Farben. Und warum verlieren andere bemerkenswerte Kunstwerke an Wert, so wie der russische Rubel, der gegen gar nichts mehr eintauschbar ist?

Jede Währung braucht natürlich Sicherheiten. Was sichert die Stabilität der Währung von Picasso? Zu Picasso habe ich eine Beobachtung gemacht: daß nämlich seine Währung (eben als Währung) nicht neu ist. Obwohl am Anfang des Jahrhunderts alle geschrien haben, das sei ein neues Wort, eine Revolution und so fort, ist, glaube ich, mit den Jahren sichtbar geworden, daß es einfach eine Variation von Themen des 19. Jahrhunderts war – ein schnelles Gleiten der Feder über etwas schon lange gut Durchgepaustes. Das ist wie bei Transparentpapier, auf dem man schnell zeichnet, unter dem jedoch ein sehr gutes und dauerhaftes Original liegt. Selbst vom formalen Standpunkt: Was hat Picasso eigentlich gezeichnet? Das, was man im 19. Jahrhundert gezeichnet hat: das Porträt einer Frau im Sessel, eine Ananas, einen Teller, noch irgendein Gemüse oder eine Wurst auf dem Tisch und Landschaften. Da gibt es noch eine Unmenge von Gegenständen: Vögelchen, Hasen, Stiere, andere Tiere – aber das ist noch immer das Repertoire, das das ganze 19. Jahrhundert über existierte. Das heißt, wenn man unter Picasso nicht diese sechs Augen auf einer Seite und alle möglichen anderen Quadrate versteht, dann sind das im wesentlichen zahllose, rasch hingeworfene Improvisationen oder, besser gesagt, Gestikulationen, auf einer sehr seriösen Grundlage, die nicht von ihm stammt. All diese schrecklichen Dinge haben niemanden erschreckt, weil im Grunde dasselbe Pferd gezeichnet ist – nur mit den Hufen auf dem Rücken, aber das Pferd ist man damit nicht los. Trotz allem sind alle vier Hufe da, was übrigens bemerkenswert ist; sie sind nicht an ihrem Platz, aber sie sind noch dieselben. Wie in der Mathematik: Durch das Vertauschen der Summanden ändert sich die Summe nicht. Man kann also sagen, als Bilanz: Die Basis dieser Kunststücke von Picasso ist das 19. Jahrhundert, das sich auf keine Weise entwerten läßt, weil es »Opas Kapital« ist, ein echtes Bankkonto.

Bei Warhol haben wir dieselbe Situation: Er hat nur das wiederholt, was das 20. Jahrhundert in seiner ganzen Geschichte produziert hat, das heißt den Müll. Das, was unser tägliches Leben ausmachte, gibt er uns wieder. Er hat, außer dieser tautologischen und dürftigen Entdekkung, nichts gemacht. Er gibt uns das, was um uns herum und in uns eingeprägt ist. Er gibt uns das, ohne das wir heute nicht leben können und offenbar auch in den kommenden hundert Jahren nicht. Solange es den Filmstar gibt, den Topf und dergleichen, werden wir all das in seinem Double bekommen – und dadurch kann es auf keine Weise entwertet werden. Alles andere wird entwertet. Die Stärke einer Währung, wenn man daraus den richtigen Schluß zieht, besteht darin, daß sie eine starke Deckung hat. Die geringste Deckungsschwäche garantiert das Fallen der Währung in nächster Zukunft.

G. Ja, aber das heißt, schlicht gesagt, daß du denkst, daß die Kunst in gewissem Sinne darstellend sein muß, naturalistisch, illustrativ, wie sie es früher war, also vor der Avantgarde. Die Idee der Avantgarde war, im Gegenteil, etwas zu erfinden, was man nur in der Kunst sehen kann und an keinem anderen Ort. Du aber sagst, daß zu den erfolgreichsten Künstlern des 20. Jahrhunderts die wurden, die darstellten, was die Leute auch so kennen. Was ist das – die richtigere Strategie, ja?

K. Ein ganz bemerkenswerter Schluß, obwohl darauf zu bestehen einfach dumm wäre, weil wir wissen, daß im gesamten 20. Jahrhundert die Kunst jene Formen gesucht und natürlich auch gefunden hat, für die man »bis ans Ende der Welt reisen« muß. Zum Beispiel die Minimalisten: Solche Quadrate, Kästchen und Dreiecke, die nur diese eine Richtung produziert hat, findet man, glaube ich, nicht einmal auf einem anderen Planeten, höchstens mit irgendeinem Zusatz. Also, sozusagen, »Resultate sind vorhanden«. Ganz zu schweigen von irgendwelchen anderen Kunststücken, die die Kinetisten und andere Richtungen gemacht haben – insbesondere Menschen, die sich einzelne Körperteile abgeschnitten haben. Was ist denn das schließlich und endlich? Welcher normale Mensch wird sich ein Glied abschneiden? Das ist nicht einmal die Imitation von Verrücktheit – das ist ein schöpferischer, künstlerischer Akt und eine große künstlerische Entdekkung. Naja, und so weiter. Ich kann da nur mit den Schultern zucken und weiß nicht, was ich dazu sagen soll. Oder dann gibt es einen, der immerzu Ziffern schreibt …

G. Ich glaube, wenn wir uns auch Warhol aufmerksam anschauen, stellen wir fest, daß es nichts von dem, was er dargestellt hat, in der Natur gibt. Es hat weder eine solche Marilyn Monroe gegeben, noch hat es überhaupt so etwas gegeben. Ich glaube, daß auch wir das tatsächlich erst sehen, nachdem wir es bei Warhol gesehen haben.

K. Das heißt, du lenkst wieder alles auf dieselbe schöpferische Vision, die Entdeckung einer Welt …

G. Ich glaube nicht, daß das eine schöpferische Vision ist. Weil die schöpferische Vision ihrerseits die Vision von etwas ist, das vielleicht verborgen ist und das andere Leute nicht sehen, aber doch von etwas, das es schon gibt. In ihrem Grund ist die Kunst »techne«: das ist tatsächlich das Herstellen neuer Dinge. Ich denke, daß in Wirklichkeit ein guter Künstler einfach seinen Traktor baut oder seinen Mercedes oder sein Rad. Er baut ein Ding, das es früher nicht gab und in das ein bestimmtes Prinzip der Reproduktion oder Vervielfältigung eingelegt ist, so daß es gewissermaßen die Fähigkeit besitzt – durch Knospung, Teilung oder auf irgendeine andere Weise –, sich überall auszubreiten ...

K. Und das wirkt erschreckend auf die Leute rundum ...

G. Genau.

K. Ja, das ist nicht ausgeschlossen – so wie Epidemien, wie die, die wir irgendwann unter der Bezeichnung »amerikanischer« oder »Colorado-Käfer« kannten, wobei das Insekt, wie du weißt, keinerlei Beziehung zu Colorado hatte. Ja, das ist es wohl, die Ausbreitung irgendwelcher Strukturen im Leeren ... Im Leeren, ich habe das nicht grundlos gesagt, weil sie nichts an der Ausbreitung hindert, weil alle übrigen Epidemien sich in parallelen Leeren ausbreiten, die die andere Epidemie in keiner Weise behindern. Diese Epidemien wirken überhaupt nicht aufeinander ein. Das ist ein besonders erschreckendes Schauspiel.

G. Weil es sonst Immunität gäbe. Du kannst dir vorstellen, was wäre ... Denn wenn du die Masern überstanden hast, bewahrt dich das keineswegs davor, den Mumps zu bekommen. Der Impfstoff wirkt nur gegen jede einzelne Krankheit.

K. Das erinnert auch an einen Himmel mit Feuerwerk: Ein, sagen wir, grüner fliegender Nonsense behindert nicht den Flug eines anderen, sagen wir blauen, an ihm vorbei – und auch nicht in ihn hinein.

G. Ich glaube, das führt uns zurück zur Diskussion über die Kunstinstitutionen. Man kann sich natürlich fragen: »Sammeln die Museen die Kunst wirklich für die Öffentlichkeit? Wird diese Kunst von der Gesellschaft gebraucht? Welche sind die Kriterien der Musealisierung?« Man kann große Diskussionen anzetteln darüber –

moralische, politische, ästhetische –, mich allerdings beschleicht immer mehr der Zweifel am Nutzen solcher Diskussionen, weil ich glaube, daß, je mehr die Künstler anfangen, sich wie die Heuschrecken oder eine Viruskrankheit auszubreiten, je mehr sie sich epidemisieren, um so weniger wenden sie sich andererseits überhaupt einem realen Konsumenten zu. Wobei nicht nur der individuelle Konsument zu verschwinden beginnt, wie es der Privatsammler war, sondern es beginnt auch der kollektive Konsument zu verschwinden, als der der Staat und die Gesellschaft fungierten, und die Künstler fangen einfach an, sich in dieser Leere selbst auszubreiten.

K. Aber ich bitte dich, wie denn? Ohne bestimmte Überträger?

G. Sie breiten sich einfach allein aus. Wenn Fliegen Eier legen, müssen sie geeignete Orte finden, an denen sie diese Eier legen können. Wobei weder die Fliege eine persönliche Beziehung zu diesem Ort hat noch dieser Ort zur Fliege. Man kann nicht sagen, daß dieser Ort dieses Ei gewissermaßen »will«, damit es an ihm zur Fliege heranwächst, sondern beide kommen einfach zueinander, weil dieser Ort leer ist. Ich glaube, daß sich genauso die Kunst entwickelt – rein parasitär. Und gesellschaftlich gerechtfertigt wird sie nur durch die allgemeine Angst: Wenn die Leute anfangen, alle möglichen Fliegen und Parasiten zu vertilgen, dann können sie anschließend auch dazu übergehen, alle anderen zu vertilgen. So daß man die Kunst auf alle Fälle in Ruhe läßt. Soll sie sich vermehren. Hier wirken immer noch der rein politische Schock und die Angst aus der Zeit des Totalitarismus.

K. Vollkommen wunschlos sozusagen von beiden Seiten?

G. Ganz und gar. Der zeitgenössische Künstler kennt sein Auditorium nicht, er kennt sein Publikum nicht, weil es sich simultan über den gesamten Erdball verteilt. Nehmen wir mal an, du hast eine Ausstellung in Peru. Was weißt du über diese Peruaner?

K. Ich habe wirklich demnächst eine Ausstellung in Mexiko ...

G. Und? Was weißt du über die Mexikaner, von ihren Problemen? Darüber, wie sich deine Kunst zu ihren Problemen verhält, was sie im Zusammenhang mit ihr denken oder fühlen sollen? Der Künstler arbeitet für die Leere, mehr und mehr. Und ich glaube, der Künstler arbeitet heute in dem Maße richtig, wie seine Miasmen und Viren einen Ausbreitungsweg in dieser Leere finden, wie weit sie durch unterschiedliche kulturelle Schichten hindurchgehen und ausstrahlen. Und ich glaube, daß Warhol nicht irgendwelche Gegenstände dargestellt, sondern die Ausstrahlung solcher Dinge wie Coca-Cola beobachtet hat. Wer immer man ist – ob man in Afrika lebt, in Indonesien oder eben in Mexiko –, man trinkt Coca-Cola, und zwar unabhängig davon, was man dabei denkt, fühlt, erlebt, welche Sprache man spricht, welche kulturellen Traditionen man hat. Man greift einfach zu einer Cola und trinkt sie. Ich glaube, daß eben das Warhol auch frappiert hat. Die Kunst handelt heute ständig nach dem Coca-Cola-Prinzip.

K. Richtig, aber hierzu ist folgendes zu sagen: Trotzdem sieht man die Cola nicht einfach im Regal, sondern, wie du richtig angemerkt hast, man trinkt sie. Das heißt, Coca-Cola ist das, wozu man greift, wenn man Durst hat. »Ich habe Durst!« – und der nächste Satz ist »Eine Cola!«.

Damit will ich sagen, daß die Kunst überall ist, wo es nicht einfach eine leere, sondern eine kulturelle Umgebung der Institutionen gibt. Die ewige Frage: Wo soll man hingehen? Wo sollen wir heute hingehen? Denn irgendwo man muß hingehen. Antwort: Sollen wir heute nicht ins Museum gehen? – und da ist dann auch Warhol. Es ist so, daß die Eier da gelegt werden, »wo man heute hingeht«.

G. Heute weiß man nicht, wo man hin soll, meinst du das?

K. Manche Leute gehen natürlich zum Fußball oder zum Tanzen.

Es geht darum, daß diese heutige Institution der Ausstellung höchst wichtige, magische, kosmische Funktionen erfüllt, die sogar schwer zu überblicken sind. Wenn die Leute scharenweise in Ausstellungen laufen und sich da auf die Füße treten – ich habe selbst gesehen, was bei der Matisse-Ausstellung los war –, was bringt denn einen zivilisierten Menschen dazu, acht Stunden lang Schlange zu stehen? Was ist das denn? Wo ist diese schreckliche Kraft, die sie angeklebt hat und acht Stunden lang nicht losläßt?

G. Ja, man weiß nicht wohin, du hast vollkommen recht. Das ist ein Raum, wo es sauber ist, hell, wo man mit der Familie hingehen kann ...

K. Ach nein, Borja, ich meine, daß hier ein stärkerer Instinkt am Werk ist, als »mit der Familie hingehen«. Mit der Familie braucht man überhaupt nirgendwo hinzugehen. Man möchte dahin gehen, wovon es einem später nicht peinlich ist zu sagen, da hat man seine Zeit verbracht. Nicht wie im Puff, wohin man natürlich gerne ginge – aber danach ist es widerlich und sogar gefährlich. Warum gilt der Alkohol als verflucht? Weil hier ein sehr wichtiges Moment funktioniert: Erst geht es dir gut, aber anschließend ist es, zum Teufel, ganz schrecklich. Hast du diese Widersprüchlichkeit des Alkohols bemerkt? Das heißt, wenn man sich zu Tisch setzt, möchte man schrecklich gern was trinken, aber die Folgen (wir schließen jetzt die Leute aus, bei denen es vollkommen gleich ist, ob sie trinken oder nicht) sind bei den meisten Menschen höchst betrüblich. Das gleiche gilt für den Puff, für den Fußball usw. – jede dieser leidenschaftlichen Handlungen hinterläßt offensichtlich einen äußerst unangenehmen Nachgeschmack: man wird womöglich geschlagen, man holt sich womöglich Geschlechtskrankheiten.

Im Gegensatz dazu hinterläßt ein Besuch im Museum ein angenehmes Gefühl: Du hast in deinem Leben etwas Wichtiges und Gutes getan und nicht nur einfach die Zeit rumgebracht. Auch wenn heute niemand sagt: »Wie? Du warst nicht in der Matisse-Ausstellung?! Es ist ja direkt peinlich, mit dir auch nur zu reden.« Aha, du warst nicht da, und gut. Damit möchte ich sagen, daß der Besuch einer Matisse-Ausstellung keinerlei rationale Gründe hat. Es ist aber auch wieder keine Leidenschaft, denn man regt sich dort nicht auf, man läuft einfach in einem stumpfen, erstarrten Zustand an den Bildern vorbei – nichts zeugt davon, daß man nach dem Besuch einer Ausstellung innerlich erschüttert oder vernichtet wäre. Das ist ein besonderer, irrationaler Akt, der offensichtlich mit bestimmten wesentlicheren inneren Notwendigkeiten unseres heutigen Bewußtseins zusammenhängt. Für mich hat das mit folgendem zu tun: Kunst heute ist vom Rang einer fragwürdigen und individuellen Laune oder einer zweifelhaften Neigung in die Rolle des Aufgezwungenen und Obligatorischen geraten. Dieser sehr auffällige Übergang vom persönlichen Konsum des Bildes zum gesellschaftlich-obligatorischen, der Übergang von der persönlichen Subjektivität zur gesellschaftlichen Irrationalität ist kennzeichnend eben für die heutige Zeit. Das kann mit Massenpsychosen zu tun haben oder irgendwelchen sozialistischen Ideen, die die Menschheit in dieser Epoche erfaßt haben. Ich denke, daß der Übergang vom individuellen Konsum zum gesellschaftlich-normierten heute überhaupt sehr wichtig ist. Morgen wird es vielleicht wieder anders sein. Das heißt, es geht um den gesellschaftlichen Erfolg der zeitgenössischen Kunst, die übrigens nach wie vor niemandem gefällt.

G. Ja, es geht um den Erfolg, aber warum gerade den Erfolg? Ich meine, man kann in dem, was du sagst, auch eine Erklärung für diesen Erfolg entdecken, weil der Museumsbesuch heute wirklich als neutrale Handlung erscheint: Er weckt keinen Enthusiasmus, er weckt keine emotionale Ergriffenheit, er entspricht keinerlei spezifischem Bedürfnis, er entspricht keiner spezifischen Leidenschaft, er hat nichts mit persönlichen Beziehungen zu tun, weil man nichts opfert – weder Geld noch sonst etwas. Ich meine, daß diese Neutralität auch das Kriterium für die zeitgenössische Kunst darstellt. Und je neutraler und unspezifischer diese Kunst ist, um so mehr beginnt sie sich auszubreiten. Sie strahlt durch wie ein Neutrino, das jeden wie auch immer elektrisch geladenen Körper durchdringt, weil es selbst neutral ist.

Wenn wir uns die erfolgreichsten Arbeiten zeitgenössischer Künstler – besonders die von Picasso – anschauen, so wecken sie überhaupt keine Emotionen. Und diese Neutralität seiner und Warhols Arbeiten ist auch die Deckung ihrer Währung. Diese Arbeiten gehen gewissermaßen durch alle kulturellen Grenzen hindurch, durch alle Sprachen, durch alle Altersstufen und Geschlechter – nicht weil sie ihnen allen entsprechen, sondern weil sie niemandem entsprechen. Sie reagieren überhaupt auf nichts. Und darum betrachten Menschen gleich welchen Alters an gleich welchem Ort usw. sie gleich, mit der gleichen Stumpfsinnigkeit und Verlegenheit.

K. Hier wirkt das Prinzip des Demokratischen, das niemand in der Hand gehalten hat, aber alle wissen, was das ist.

G. Ja, und diese Künstler verkörpern es, sie verkörpern die Neutralität der Demokratie. Und das zeitgenössische Museum ist der Ort dieser Neutralität. Man geht dorthin, damit »nichts geschieht«, in der Erwartung, daß dort nichts sein wird – und dort ist auch nichts.

K. Ich habe festgestellt, daß in unseren Gesprächen schon lange die Wörter »Erfolg« und »Entwurf« immer wieder auftauchen und sich wiederholen. Ich muß auch dazu unbedingt etwas sagen, um so mehr, als es mit unserem Ausgangsthema zu tun hat: Wir leben im Westen, und was heißt das?

Unter den übrigen Kennzeichen des Westens fällt natürlich dir und mir das Verhältnis zu diesen beiden Begriffen auf: »Projekt« und »Erfolg«. Ich muß sagen, je länger ich hier lebe, um so mehr werden diese beiden Wörter für mich zum Unterscheidungskriterium zwischen der Existenz im Osten (und speziell in Rußland) und im Westen (in Europa und Amerika). Wenn wir das Funktionieren erfolgreicher und erfolgloser Leute im Westen beobachten, stellen wir fest, daß bei ersteren sehr deutlich ausgeprägt ist, was man »Projekt« nennen kann. Erfolgreich ist, wer ein Projekt hat, wer eine Strategie und eine Orientierung am Erfolg hat, den er schließlich auch erringt. Wir können sogar sagen, daß das normale Funktionieren des westlichen Individuums darin besteht, ein Projekt zu haben und es zum Erfolg zu führen. Wobei der Erfolg im Projekt selbst angelegt ist.

Aber zuerst möchte ich über diese beiden Termini in Rußland sprechen, in unserem gesegneten Land. Man kann es gleich sagen: Dort existieren beide Begriffe, sowohl »Projekt« als auch »Erfolg«. Aber man muß nicht besonders scharf hinschauen, um zu bemerken, daß das erste wie das zweite zu den moralisch am stärksten verurteilten und am negativsten bewerteten Phänomenen zählen. Ein persönliches Projekt wird von allen Umgebenden als teuflisches Vorhaben aufgefaßt, das auf unverständliche Weise in einem guten Kind »herangewachsen« ist. Ein guter Mensch hat keine Projekte, lebt wie alle und denkt überhaupt über nichts nach – er geht einfach zur Arbeit, oder er sitzt bei Freunden, oder er trinkt Wodka. Aber wenn, Gott bewahre, eine solche Nisse, ein solches Teufelskorn in ihn eingedrungen ist, dann ist er sofort zu bestrafen: Jedes Projekt muß sofort zerstört werden und darf – in der Theorie nicht und erst recht nicht in der Praxis – niemals zum Erfolg führen.

Die gesamte Geschichte Rußlands ist die Geschichte von erfolglosen Projekten. Mehr noch: Applaus und Freude erntet nicht der Erfolg, sondern gerade das Scheitern und der Mißerfolg des Projekts. Zum Beispiel: Jemand hat sich unglücklich verheiratet – das ruft die natürliche Freude seiner Umgebung hervor; ein so bescheidenes Projekt jedoch wie ein glückliches Leben erzeugt Widerwillen und Beklommenheit. Beantwortet man die einfache Frage »Wie geht es dir?« mit »Schlecht!«, ist jeder zufrieden, denn das bedeutet, daß alles in Ordnung ist. Jedes begonnene Unternehmen endet mit dem totalen Mißerfolg. Und das ist vollkommen natürlich, weil die ganze Umgebung nur darauf ausgerichtet ist, dein Projekt zu erraten und dich an seiner Verwirklichung zu hindern. Das gilt nicht nur für die individuelle, sondern auch für die staatliche Praxis. Wir wissen, womit jedes Projekt – von Iwan dem Schrecklichen bis zu Stalin – endete. So ist der Mißerfolg in Rußland nicht nur ein zufälliger Blindgänger in der Strategie der Verwirklichung eines Projekts, sondern sozusagen bewußt im Projekt selbst angelegt, falls natürlich, wider Erwarten, ein Projekt überhaupt existiert.

Der Westen seinerseits gründet auf dem Prinzip: »Der ist kein Mensch, der kein Projekt hat«. Man kann sagen, der ganze Westen ist ein Ozean von kleinen Projekten. Aber ungeachtet dessen, daß sich diese Projekte überschneiden und theoretisch miteinander kollidieren müßten, zeigt die Beobachtung des Westens, daß diese Projekte (wie wir von den Künstlern gesagt haben – sie rasen durch die Leere, ohne einander zu berühren) so angelegt sind, daß sie einander entweder unterstützen oder sich nicht in die Quere kommen. Ich habe nie in Gesprächen gehört oder in meiner Umgebung gesehen, daß jemand einen anderen bei der Verwirklichung seines Projekts gestört hätte. Mehr noch: Die Projekte bilden in ihrer Überschneidung Gitter, Strukturen und Konstruktionen, die ein Projekt parallel mit den anderen hochkommen lassen. In Amerika als dem »Land des siegreichen Kapitalismus« ist das besonders offensichtlich. Dort sieht man besonders deutlich, daß, sobald jemand ein Projekt anbringt, alle übrigen zu ihm gelaufen kommen, um ihm sofort zu helfen oder sich an dem Projekt zu beteiligen. Wir können es beobachten, »jeder Mensch hat sein Projekt« – und wir sehen, daß sich die Leute in der westlichen Welt schon von Kind an darauf einstellen, das und das zu werden. Je mehr Energie jemand hat und je bedeutsamer und totaler sein Projekt, um so größer sind die Chancen seiner Verwirklichung. Einfache Projekte werden mit einem bestimmten Grad an Wahrscheinlichkeit realisiert, die grandiosen Projekte aber werden immer realisiert. Interessanterweise ist die gesamte Gesellschaft so etwas wie eine einzige Strategie, die von allen als die Strategie des Übergangs vom Projekt zum Erfolg verstanden wird. Wobei diese beiden Phasen – das »Projekt«, die Anfangsphase, und der »Erfolg« – einen Zyklus darstellen, ähnlich wie der Verdauungsakt. Man kann keine Projekte machen, wenn sie nicht verwirklicht werden.

Die berühmten russischen Phantasten und Pechvögel, die Projekte haben, aber nicht einmal daran denken, sie zu verwirklichen (Rußland ist das Land der nichtverwirklichten Projekte, wie die russische Avantgarde usw.), sind im Westen undenkbar, weil das Projekt heute so gedacht wird, daß es den Mißerfolg überhaupt nicht einschließt. Selbst die phantastischsten, abstraktesten Dinge laufen auf den Erfolg zu.

Um zu unserem Thema zu kommen – ich muß sagen, daß die Kunst heute darin besteht, sich ein so schwindelerregendes Projekt auszudenken, das noch nirgends eine Entsprechung gefunden hat, das aber aus vielen Gründen, und vor allem kraft seiner Exklusivität und Globalität, zum Erfolg führen muß. Die Entfernung zwischen Projekt und Erfolg wird dabei immer geringer. So können Museumsbesuche so interpretiert werden, daß die Leute hingehen, um Beobachtungen an gelungenen, erfolgreichen Projekten anzustellen. Sie schauen sich solche Projekte an, die mit Erfolg abgeschlossen wurden – jetzt gibt es Ausstellungen, Geld, Ruhm und dergleichen. Wobei die Mythologie des Projekts gut ausgebildet ist, in drei Stadien. Das erste Stadium: Es läßt sich nicht realisieren, Papa glaubt nicht daran, es paßt durch kein Nadelöhr. Das zweite Stadium: Die leidvolle Verwirklichung. Und anschließend die Geschichte der Strategie. Hier läßt der Kapitalismus sehr viel Raum für den Zufall, der in Wirklichkeit eine Gesetzmäßigkeit ist, das heißt für die Begegnung mit einem freundlichen Millionär auf der Straße, mit einem guten Kurator im Wald, mit einem kompetenten Kritiker, der dich bemerkt hat. Und schließlich der durchschlagende, sensationelle Erfolg.

Der Erfolg oder das Fest des Erfolgs ist gleichsam das archetypische »Erntefest« oder die »Hochzeit«. Denn was ist Erfolg? Es ist Öffentlichkeit. Es ist der Übergang von unserem individuellen Geheimnis zur Öffentlichkeit. Ich denke, daß diese Mythologie für die heutigen Museumsangelegenheiten nicht unwichtig ist.

G. Ja, aber alle meinen, daß die westliche Gesellschaft trotz allem eine Konkurrenzgesellschaft ist, und sie versteht sich selbst auch als Konkurrenzgesellschaft, du dagegen sagst, es ist eine Gesellschaft des freien Verwirklichens individueller Projekte, dem sich niemand in den Weg stellt. Übrigens sehe ich keinen großen Widerspruch zwischen diesen beiden Definitionen. Ich meine, daß im Westen eben die Projekte erfolgreich sind, die einen nicht in eine Konkurrenzsituation stellen, für die man nicht kämpfen muß. Das heißt: Wenn du ein Projekt hast, das jemandes Interessen tangiert, dich folglich mit anderen Leuten kollidieren läßt und dich zwingt, mit ihnen zu konkurrieren und zu kämpfen, dann kann man sagen, daß du schon ein Pechvogel bist und dein Projekt schon von der Idee her mißlungen ist.

K. Das führt zu dem Gedanken über die Bewegung in der Leere.

G. Genau. Ich möchte gerade etwas über das Problem der Neutralität sagen, weil ich glaube, daß das nicht nur ein ästhetisches Problem ist, sondern auch ein pragmatisches. Tatsächlich führt nicht das zum Erfolg, was gebraucht wird, sondern das, was nicht schadet, was nicht stört. Darum denke ich, daß eine Gesellschaft, die im Prinzip auf der Idee der Konkurrenz basiert, tatsächlich jene fördert, die bei dieser Konkurrenz nicht mitmachen, eben dafür, daß sie dabei nicht mitmachen.

Andererseits, kaum daß ein Künstler Erfolg hat, wird

natürlich sofort über ihn geredet, daß er ein Schwein ist, daß er sich an die Institutionen verkauft hat, daß er die herrschenden Strukturen bedient usw. Das heißt doch, der Erfolg ist im Westen in Wirklichkeit eine problematische Sache. Tatsächlich wird der Erfolg als solcher von der Gesellschaft auch nicht besonders gutgeheißen – aber anders, als das in Rußland geschieht. Hier ist das Zeitmoment sehr wichtig: Wenn der Erfolg schon jetzt da ist, dann heißt das, daß er später vielleicht ausbleibt. Das ist ein sehr wichtiges Moment. Sieh es dir an: Im Bereich der Kunst gibt es eine sehr starke Orientierung am jungen, unbekannten Künstler. Ein Kurator hält es nicht für einen Erfolg, wenn er einen bekannten Künstler ausgestellt hat, sondern wenn er einen bislang erfolglosen Künstler oder einen jungen Künstler »entdeckt« hat. Das heißt, der bereits eingetretene Erfolg markiert das Ende des Projekts. Und das Markieren der Projektbeendigung behagt der Gesellschaft in Wirklichkeit nicht so sehr. Darum ist der Erfolg ambivalent. Der ideale Erfolg, das ist der Erfolg, der immer in der Zukunft liegt. Deshalb tun auch Künstler, die schon Erfolg haben, ständig so, als hätten sie ihn nicht. Für den Westen überhaupt ist es kennzeichnend, nicht gerade den Mißerfolg zu simulieren, aber den Erfolg doch sozusagen vor sich her zu schieben, ständig im Projektionsstadium zu bleiben.

K. Jaja, das ist die Verlängerung des Projekts. Im Prinzip geht es darum, daß dein Projekt vor allem in deinen eigenen Augen niemals entwertet wird. Vielleicht habe ich diesen Prozeß, so von außen gesehen, nicht richtig beschrieben. Tatsächlich versteht zweifellos jeder Träger eines Projekts sein Projekt als permanentes.

G. Und die Gesellschaft ebenso. Wenn die Gesellschaft spürt, daß ein Projekt tatsächlich Erfolg hat und abgeschlossen ist, dann fängt sie an, ihm gegenüber eine deutlich skeptische Haltung einzunehmen. Ich glaube, sehr wichtig ist das Moment des permanenten Laufens des Projekts – und, damit verbunden, der dauernden Neutralität gegenüber und der Ferne von allem Sozialen. Der Erfolg wird auch darum nicht gern eingestanden, weil er soziale Verpflichtungen auferlegt, denen man sich gern entzieht.

K. Immer dieselbe Bewegung in der Leere ... Ja, man denkt nicht nur an unsere russische Erfahrung des Lebens in einem inoffiziellen engen Kreis, sondern auch an historische Parallelen – die ständigen Rangeleien unter Künstlern. So wollte Rodtschenko rasend gern wissen, was Malewitsch, der die schwarze Serie machte, im Stillen vorbereitete, um ihm genau zur selben Zeit den Schlag zu versetzen, daß er gleich daneben eine weiße Serie machte. Das heißt, früher traten die Künstler als Teilnehmer an Dialogen auf, und die künstlerische Arbeit dachte man als Antwort auf die Antwort des anderen. Du hast vollkommen recht: Die heutige künstlerische Arbeit tritt vollkommen neutral auf in dem Sinn, daß es mich nicht im geringsten interessiert, was sogar mein Nachbar in der Ausstellung gemacht hat. Zum Beispiel weiß kein Künstler, was die anderen in einer Gruppenausstellung zeigen, selbst wenn er sich daran beteiligt, mit einer Einschränkung – er muß den Rang der anderen Teilnehmer kennen. Der Rest interessiert ihn überhaupt nicht. Das Wort »Projekt« erscheint mir darum treffend: Es zeugt von einem vollkommen manischen Produkt, das in einem isolierten Gefäß herangezüchtet wird. Das Projekt bedeutet auch eigentlich etwas Konstruktives, aber etwas, das in Einsamkeit herangezüchtet wird.

Ich glaube, es ist sinnvoll, uns über das Projekt zu unterhalten, weil in ihm ein bestimmtes Element, wie soll ich sagen, gewissermaßen ein Element der Stabilität und Konstruktivität des menschlichen Lebens enthalten ist, das heute von der Gesellschaft gutgeheißen wird. Früher wurde die Gesellschaft von einer enormen Menge an Pfeilern, Stützen und gemeinschaftlichen Existenzen aufrechterhalten: Du konntest keinen einzigen Schritt tun, ohne deine Worte, deine Angelegenheiten usw. mit den

Menschen um dich herum abzustimmen. Jetzt bewegt sich jeder so, daß er sein Projekt in der Leere verwirklicht, ohne es in irgendeiner Weise mit der Meinung oder überhaupt der Existenz seiner Nachbarn abzustimmen oder von ihr abhängig zu machen – einschließlich übrigens der beruflichen Nachbarn, was besonders paradox ist. Das widerspricht dem früheren Ideal des Kollektivs als einer Maschine, in der jeder seine Operation ausführt. Jetzt aber läuft alles so, daß je weniger du mit den anderen »zusammengebunden« bist (hier stimme ich dir zu), je weniger du mit ihnen in Berührung kommst, – um so eher erkennen die anderen die Verwirklichung deines Projekts als erfolgreich an.

Ich möchte hier auf den folgenden Aspekt des Projekts als Voraussetzung für seine regelrecht strategische Bewegung hinweisen: Präzision. Jede Unbestimmtheit deines Projektes wird auf das grausamste bestraft. Ich rede jetzt natürlich abstrakt, aber man versteht, was gemeint ist. Ich kann ein Beispiel aus meiner eigenen Praxis anführen: Anders als beim Herstellen von Bildern besteht der erste Arbeitsschritt bei einer Installation darin, daß du dein Projekt jener Institution vorzulegen hast, wo es realisiert wird. Nach meiner Erfahrung muß das Projekt in einem absolut verständlichen Entwurf präsentiert werden, obwohl nichts vorliegt – weder Bilder, noch Objekte. Aber die Voraussetzung muß erfüllt sein, daß diese Maschine nicht den geringsten Zweifel weckt und alle Fragen, die gestellt werden, beantwortet werden. Der kleinste Fehler von deiner Seite – zum Beispiel die Nachfrage »Und was, wenn es nicht gelingt, diese Decke zu bauen?« – bedeutet die Niederlage sowohl des Projekts als auch deiner selbst als der Person, die es vorschlägt. Du erlebst ein solches Fiasko, daß dein nächstes Projekt vielleicht nicht einmal geprüft wird. Ich will damit sagen, daß ein Projekt, das ein Künstler heute vorschlägt, sich deutlich von den unbestimmten Projekten der Künstler früherer Zeiten abhebt. Auf die Frage »Was willst du zeichnen oder malen?« konnte man früher ruhig sagen: »Ach, ich fange an zu arbeiten, und dann sehe ich weiter.« »Und wann bist du fertig?« »Naja, das ist ja ein Prozeß ...«

G. »Ich möchte mich ausdrücken.«

K. Ja: »Ich möchte mich ausdrücken.« Aber was das überhaupt heißt – das ist eine absurde Frage, sie zeugt nur von der Dummheit dessen, der sie stellt, nicht von der Dummheit des Antwortenden. In einem Projekt von heute, von dem wir sprechen, ist alles genau umgekehrt. Die kleinste Unbestimmtheit deinerseits erscheint als Zeichen deiner Niederlage. Das Projekt in seinem Fundament muß präzise formuliert, es muß visuell und in all seinen intellektuellen und technischen Aspekten vollkommen klar sein. Die Unklarheit eines Projekts ist sein schlechtester Zug. Unbestimmtheit darf als inhaltliche Komponente im Projekt angelegt sein, aber keineswegs in seiner eigenen Struktur. Eben diese Formalisierung des Projekts ist sehr wichtig. Sie wird im Westen auf jede Weise belohnt, und Unklarheit wird aufs schärfste verurteilt.

G. Aber das bedeutet, daß die Fragestellung nicht kulturell, ideologisch oder politisch ist, sondern technologisch im weiten Sinne dieses Wortes. Ich stehe allein vor dem unpersönlichen, anonymen Mediensystem der Verbreitung dessen, was ich tue. Der Inhalt dessen, was ich tue, interessiert diese Maschine absolut nicht. Die einzige Forderung besteht, wie du richtig sagst, darin, daß ich meine Botschaften so formulieren muß, daß diese anonyme Maschine sie verarbeiten und verbreiten kann. Die anderen warten so lange einfach geduldig, bis sie an der Reihe sind.

Übrigens, vielleicht beschreiben wir hier einfach unsere spezifische russische Emigrantenerfahrung mit dem Leben im Westen. Hast du das Gefühl, daß du dich in der normalen, der Standardsituation des Künstlers in der heutigen Welt befindest – oder fühlst du dich hier als Außenstehender?

K. Ohne Zweifel, ja. Ich bin nicht so überheblich, zu glauben, daß meine Erfahrung, daß das Funktionieren meiner Arbeiten und meine allgemeine Strategie typisch und kennzeichnend sind für den Westen. Ich habe ein Gefühl der Reduziertheit durch meine persönlichen Umstände – und denke ganz und gar nicht, daß dieses Gefühl der Bewegung im Leeren sich auf alle anderen Künstler im Westen erstreckt. Trotz ihres äußeren Verhaltens, das ich beobachten kann, spüre ich, daß sie sehr viel mehr Kontakte mit ihrem Milieu, mit ihrem Kontext und ihrem kulturellen Umfeld haben als ich. Zweifellos. Das ist eindeutig.

Ich glaube, daß meine Existenz darum ephemer glücklich und weiter in Entwicklung begriffen ist, weil ich ein von der westlichen Gesellschaft zugewiesenes Transportsystem benutze, das für die Bewegung solcher Wesen vorgesehen ist. Es gibt auch andere Kommunikationssysteme, andere Verkehrsnetze – und sie sind allen handelnden Personen wohlbekannt. Aber mir sagt man nichts davon, aus unterschiedlichen Gründen – weil ich das nicht verstehen kann oder darum, weil die westliche Gesellschaft solche Dinge überhaupt nicht mitteilt. Das sind jene Regeln, die man als Kind lernt – einfach aus der Luft nimmt –, und in einer normalen Gesellschaft ist es nicht üblich, davon zu reden. Aber was hast du in dieser Hinsicht für einen Eindruck?

G. Weißt du, ich habe genau den umgekehrten Eindruck. Am Anfang hatte auch ich das Gefühl, daß ich in eine Situation geraten bin, die ich einfach nicht einschätzen kann. Aber dann habe ich angefangen, anders zu denken. Jetzt glaube ich, daß die Bewohner des Westens selbst, mit sehr seltenen Ausnahmen, ihr eigenes System nicht verstehen, in dem sie leben. Die wirkliche Logik dieses Systems ist wesentlich anonymer, neutraler, unmenschlicher, fegt auf ihrem Weg alle kulturellen Fertigkeiten, alle Codes, alle Orientierungen, Interessen usw. viel radikaler weg, als sich das die Menschen im Westen selbst vorstellen. Und vor allem: Dieses System arbeitet ziemlich schnell. Das erste, was einem hier auffällt, ist, daß die Mehrheit der westlichen Bevölkerung jene Welt, in der sie lebt, auf ganz unglaubliche Weise nicht begreift. Und zwar darum, weil diese Mehrheit ihre Meinungen und Grundorientierungen in der Kindheit oder frühen Jugend erworben und seither nicht überprüft hat und nun jenen Platz absolut nicht versteht, an dem sie heute steht.

Emigranten aber sehen diese Welt nicht so, wie sie früher war, sondern so, wie sie sie heute vorgefunden haben. Wenn wir uns die westlichen Menschen anschauen, die hier Erfolg haben – wieder Beuys, wieder Warhol usw. –, dann sehen wir, daß sie dieselbe Außenposition hatten. Sie haben sich aus unterschiedlichen Gründen – psychischen, ethnischen oder irgendwelchen anderen – später sozialisiert und haben darum diese Kultur besser verstanden. Warhol ist ein sehr krasses Beispiel dafür – er hat seine ganze Kindheit im Bett verbracht, stammt aus einer slawischen Familie. Oder Picasso in Paris – aus dem ziemlich wilden Spanien jener Jahre. In Wirklichkeit begünstigt also das westliche System eben das Funktionieren solcher neutraler, außerhalb stehender, radikal individualistischer, vollkommen aus der Kindheit vertriebener Leute. Die Menschen, die hier normal leben, verstehen in Wirklichkeit den Westen nicht.

K. Das ist, glaube ich, eine sehr genaue Beobachtung, weil der Grad an Chaos, der Grad an freier Bewegung aller Institutionen gegeneinander, der Menschen gegeneinander, der Wechsel von Situationen im Westen in einem derartigen Tempo abläuft, daß schon die kleinste länger anhaltende Verwicklung in einen einzigen Prozeß und das Verknüpfen des Lebens mit einer bestimmten Richtung, mit einem bestimmten Ort die sichere Garantie für Niederlage und Verfehlung ist. Man läuft hier gleichsam auf schwimmenden Balken über einen Fluß. Du kennst die Situation, wenn du nur eine Sekunde lang auf einen Stamm treten kannst, aber wenn du nicht die folgenden fünf Stämme vor dir siehst, dann bist du verloren, weil das kleinste Verharren auf einem Stamm, ein zu langes Zögern vor dem Sprung auf den nächsten Stamm dazu führt, daß du unterzugehen beginnst. Ich sehe, daß die, die wir »gut funktionierende Leute« nennen, Leute sind, die einerseits neutral sind in bezug auf das System als ganzes und zugleich sehr gut jene Stützpunkte sehen, auf denen sie stehen. Eine ganz besondere Lebensstrategie. Das ist wieder dieses Epidemische. Das ist die schnelle Ausbreitung auf einer großen Fläche. Das ist ein ständiges Springen – heute hier, morgen dort. Dieses »flohhafte« oder »fliegenhafte« Springen von Ort zu Ort erweist sich als das Stabilste und in einer solchen Situation Optimale.

Damit haben wir das interessante Faktum, daß das Auf-dem-Fleck-Sitzen und Heranzüchten eines Produkts in einem bestimmten Stadium zur Niederlage führt. Dagegen führt das Hin-und-Hergleiten im Netz zum Erfolg. Du weißt, daß eine der Illusionen der russischen Vorstellung von der westlichen Welt so aussieht – bist du erstmal dort angekommen, sitzt du gut. Aber dort ankommen heißt eben gerade nirgendwo ankommen. Nirgends in diesem Angekommensein kann man sitzen, weil bei näherer Betrachtung die Kunstwelt eine ständige Verlagerung aller Komponenten ist. Alles fährt irgendwohin, verlagert sich, wechselt von einer Ebene zur anderen, alles ist unbestimmt, es gibt keinerlei Garantien. Es ist ein gigantisches Ausschwärmen.

G. Aber dann beginnt mich deine Definition von »Projekt« zu irritieren. Weil ein Projekt die Festlegung auf etwas Bestimmtes ist. Mir aber scheinen hier umgekehrt solche Leute am effektivsten und erfolgreichsten, die sich rein reaktiv verhalten, die in Wirklichkeit gar kein eigenes Projekt, keine eigene Idee in dem Sinne haben, wie du das beschreibst, sondern die einfach auf Anstöße und Herausforderungen des kulturellen Geschehens reagieren: Du siehst einfach eine Chance und nutzt sie. Ein wendigerer

Mensch reagiert schneller auf die Möglichkeit, eine Chance zu nutzen, aber er kann sie nicht selbst schaffen, weil sich alles so schnell ändert und die Situation, wie du es beschreibst, so chaotisch ist, daß diese Chance nicht planbar ist. Du kannst sie nur, wenn sie vor dir liegt, sehen und nutzen oder aber verpassen. Entweder hinüberspringen auf diesen nächsten Stamm oder warten, bis er vorbeigetrieben ist. Aber in dem Moment, wo er vorbeitreibt, stellt sich heraus, daß es einen zweiten Stamm nicht geben wird, und wenn schon, dann in falscher Richtung, und man kann nicht draufspringen. Kurz und gut, es zeigt sich, daß es kompliziert wird.

K. Ja, es wird kompliziert. Ich muß sagen, daß wir, wenn wir das Funktionieren des kulturellen Systems im Westen beobachten, sehen werden, daß der Begriff des Tempos wie auch der Begriff des Projekts fundamental und entscheidend sind. Der Wechsel dieser chaotischen Situationen, ihre Herausbildung und Verschiebung geschehen so schnell, daß die augenblickliche Reaktion und augenblickliche psychische Verschiebung und Umstellung entscheidend sind, um diesen Bewegungen, dieser sich ununterbrochen wandelnden Konfigurationen zu entsprechen.

G. Was übrigens absolut nicht bedeutet, »der Mode hinterherzulaufen«. Eben um die Möglichkeit zu haben, ein und dasselbe zu machen, müssen wir die sich verändernden Situationen augenblicklich berechnen. Es ist eine falsche Vorstellung, daß erfolgreiche Leute den Situationen hinterherrennen. Sie müssen sich gerade so bewähren, wie sie sind – und eben dazu ständig springen.

K. Natürlich. Dazu fällt mir der Vergleich mit der Arbeitsweise zweier meiner Freunde ein – von Borja Michajlow und Wolodja Tarassow. Beide haben etwas gemeinsam, das sich auf unser Thema bezieht – das ist ein Moment der Einstellung. Die Manier, wie Borja Michajlow Photos macht, ist im Verhältnis zur normalen Photographie vollkommen paradox. Das geschieht so: Er schaut nicht in seinen Photoapparat, sucht nicht nach dem Ausschnitt, sieht seinen Gegenstand nicht, um dann zu versuchen, ihn auf dem Film einzufangen. Alles ist genau andersherum. Wenn er durch die Straßen läuft, in einem sehr aufgedrehten und zugleich sehr entspannten Zustand, erinnert das daran, wie sich ein Jäger im Dschungel bewegt, der an jedem Baum erwartet, daß gleich eine Antilope herausspringt. Das heißt, die Jagd besteht nicht im Hinterherrennen hinter einer konkreten Antilope, sondern gleichsam im Empfinden der »Antilopenhaftigkeit« rundherum. Und wenn er durch den Wald läuft (er hat irgendeine Antenne oder einen bestimmten »Nerv«), sagt er sich plötzlich, »hier passiert gleich etwas«. Er stellt sich auf diesen Jagdzustand ein und bewegt sich vollkommen intuitiv auf jenen leeren Platz zu, wo er weder mit den Augen noch irgendwie sonst etwas sieht. Und plötzlich, sozusagen mit einer Wendung um 360 Grad, nimmt er irgendwas vor seinem Bauch auf, ohne selbst zu wissen, ob da etwas ist oder nicht. Und ganz bestimmt stürzt da ein Mensch oder ... naja, dann ist dort das, was er braucht.

Wolodja Tarassow arbeitet auf ähnliche Weise. Er sagt, er gerät plötzlich in einen bestimmten Strom, in einen bestimmten musikalischen Korridor, in dem er sich schwimmend und zugleich absolut ungebunden fühlt, frei schwebend, das heißt, er konstruiert diese Welt nicht, sondern er entdeckt sie. Etwas Ähnliches, glaube ich, geschieht auch hier. All diese erfolgreich funktionierenden Menschen befinden sich mitten im Strom, und am freudigen Zustand ihres Schwimmens im warmen Wasser sieht man, daß sie gut getragen werden.

G. Ja, dabei bewahren sie ihre innere Stabilität, was andererseits an Kinoabenteurer wie Indiana Jones erinnert. Diese Helden stürzen von Felsen, werden von Indianern überfallen, geraten in Gletscher, entgehen knapp dem Ertrinken und so fort, aber sie haben immer dieselbe Frisur, denselben Gesichtsausdruck, denselben Anzug am Leib. Das ist auch im Prinzip das westliche Modell: Wahrung der Selbstidentität unter sich verändernden Verhältnissen. Aber wen könnte man hier von den Helden der Kunstwelt nennen?

K. Bei meiner Bewegung durch den Raum der Kunstwelt treffe ich manchmal Christian Boltanski oder Tony Cragg – das sind zwei Beispiele. Ich sehe an ihren Bewegungen, am Ausdruck ihrer Gesichter, an ihrer Art zu arbeiten eben jenes Gefühl von Schwimmern in diesem Meer oder Vögeln – der Wind treibt sie ab, aber sie setzen den Flug in ihre Richtung fort. Das heißt, sie halten den Kurs wie Vögel. Diese richtige Einstellung der inneren Flügel erlaubt ihnen, in diesem Chaos von Luftströmen zu gleiten. Aber ich kann das nur aus Beobachtungen aus der Ferne behaupten.

G. Das heißt, dich interessiert ihr situatives künstlerisches Verhalten.

K. Zweifellos, entscheidend ist das Verhalten. Zum Beispiel könnten viele Künstler, die ich schätze, aus meiner Sicht auf zahlreiche Arbeiten, die sie machen, auch verzichten – zufällige Arbeiten. Aber in Wirklichkeit geht es darum – du hast diesen Ausdruck gebraucht –, seine Eier überall zu legen, seine Arbeiten zu vermehren, seine Arbeiten zu reproduzieren, neue Projekte zu machen und die Projekte zu reproduzieren. Das ist eine Hyperelastizität, so wie bei Wasser, das jede Höhlung füllt. Es handelt sich um eine solche plastische Masse, die ständig in Bewegung ist und fähig, sich in jede Situation einzupassen. Und es ist nicht wichtig, ob eine Arbeit gelungen ist oder nicht, ob sie eine Übergangsarbeit ist oder wesentlich. Wichtig ist nur das Tempo.

Nach meiner Beobachtung und Erfahrung findet Kommunikation in jener Gruppe von Leuten statt, die, wenn man so sagen kann, synchron in ihrem Tempo sind. Das erinnert natürlich an eine Fahrt auf der Autobahn: Wie schnell die Autos auch dahinjagen, wenn sie das gleiche Tempo haben, kann man sich ganz ruhig von Fenster zu Fenster unterhalten, so, als säße man am gemeinsamen Tisch. Und zugleich, wenn sich ihr Tempo nicht entspricht, ist keinerlei Kommunikation möglich. Und das fällt im Westen sehr stark auf: Wann immer sich Künstler, Kritiker oder Kuratoren treffen, entsteht sofort ein normales, vollkommen natürliches gegenseitiges Verstehen, sobald jeder merkt, daß das Tempo der Information, das Tempo des Projekts und das Tempo der technischen Ausführung synchron sind. Dann kommt es vollkommen automatisch zur Kommunikation, die Menschen scheinen nicht zu fahren, sondern stillzusitzen. Zugleich entsteht, wenn die Tempi unterschiedlich sind, diese schreckliche Ungemütlichkeit, in der sich praktisch nichts lösen noch flicken läßt, nichts anfangen noch weiterführen. Jeder Mensch spürt dies hier sehr genau, und in der Kunstwelt ist das ein mechanisches Gesetz, das niemand vorschreibt, an das sich aber alle halten. Die exakte Ausführung bestimmter Operationen, die Korrektheit der Antworten und Fragen, ihre Knappheit und Klarheit – das ist das, was die schnelle Maschine kennzeichnet, die jedes Material ohne die kleinste Stockung bearbeitet.

Zum selben Thema gehört auch die Beständigkeit des Tempos. Nehmen wir an, ich habe eine sehr gute Ausstellung gemacht. Warum nun ist auf diese Ausstellung nichts gefolgt – es kamen keine Vorschläge anderer Art, für irgendwelche anderen Ausstellungen usw.? Wir vergessen, daß sich der Westen nicht in einem einsamen, »punktuellen« Zustand befindet (das heißt, ich habe etwas gesehen – und daraus hat sich etwas ergeben), sondern im Zustand ständiger schneller Bewegung. Natürlich, man kann eine sehr gute Ausstellung machen oder eine sehr gute Arbeit, »sich gut darstellen«, wie man so sagt, aber zu Ergebnissen wird das nur führen, wenn das über viele Jahre immer wieder geschieht und in ein und derselben Manier. Es sollte nicht nur, es darf zu keinerlei zeitlichen Brüchen kommen, das heißt, wenn man Ausstellungen macht, dann macht man sie gleichmäßig, in ein und demselben Rhythmus über eine lange Zeit hinweg. Man kann also sagen, daß der Westen außerordentlich empfänglich ist für Beständigkeit, und nicht für irgendwelche genialen und vom Hocker reißenden Aktionen, die anschließend im Sand verlaufen.

Die Erfahrung zeigt, daß die Frage »Und was macht dieser Künstler jetzt?« eine sehr gefährliche Frage ist, weil sie bedeutet, daß, wer da fragt, schon lange nichts mehr von ihm gehört hat. Diese Pause gilt traditionell als außerordentlich wichtiges Moment – in dieser Zeit denkt der Künstler sozusagen nach. Doch was auch immer darüber geredet wird, in der Kunstwelt ist, denke ich, die Beständigkeit des öffentlichen Auftretens obligatorisch – und das hat wieder mit dem Problem des Tempos zu tun.

G. Ja, das ist verständlich, aber stellt sich dann nicht automatisch folgende Frage: »Gut, aber warum haben unterschiedliche Leute unterschiedliche Tempi?« Die Antwort war im sozialistischen System klar: Dem einen ist es bestimmt, sich in dem einen Tempo zu bewegen, und dem anderen in einem anderen. Dort war alles hierarchisiert, und dem einen gab man einen »Pobeda« und dem anderen einen »SIL«. Wenn du in einem Auto mit einem bestimmten Kennzeichen fährst, macht man dir den Weg frei, und entsprechend fährst du in großem Tempo, und wenn du einen »Pobeda« mit einem anderen Kennzeichen fährst, dann macht man dir den Weg nicht frei, und du fährst in einem anderen Tempo. Im Westen gibt es eine solche Regulierung natürlich nicht.

Andererseits, zu denken, daß im Westen das Tempo dem Menschen selbst eigen ist, daß er von Natur aus dieses Tempo verliehen bekommen hat, ist ebenfalls ein Mythos. Diesem Mythos hängen übrigens im Westen viele Menschen an, das ist in gewissem Sinne die westliche Ideologie. Aber ich halte es für ein ideologisches Konstrukt, das der realen Praxis nicht entspricht. In Wirklichkeit sind diese Mechanismen der Erlangung bestimmter Tempi weder naturgegeben noch dem einzelnen von der

Gesellschaft und dem sozialen System verordnet. Daher stellt sich die Frage: »Woher kommen sie? Wo liegt ihre Quelle?«

K. Ich habe dazu eine Hypothese. Ich rede nicht theoretisch, sondern aus meiner beruflichen Praxis. Die Kunstwelt ist genauso eingerichtet wie alle anderen Institutionen des Westens, darunter der Sport, die Politik und dergleichen.

Also, ich möchte sagen, mit der Frage »Wie wird ein Künstler bemerkt?« – die einfachste Frage, die ein russischer Künstler fast immer stellt (»Warum wurde Petrow bemerkt und Iwanow nicht, obwohl die Qualität der Arbeiten beider, angenommen, die gleiche ist?«) –, wenn man diese Frage stellt, dann vergißt man, daß Petrow nicht nur früher angetreten ist, sondern daß er seinen Lauf innerhalb der Norm absolviert, die es erst möglich macht, daß man ihn wahrnimmt. Was sich nicht bewegt, was auf der Stelle sitzt, wird einfach nicht bemerkt. Das westliche Auge ist so eingestellt, daß es nur die Bewegung wahrnimmt. Der Westen sieht nur die Dynamik – und dabei, ich wiederhole, eine Dynamik in einem bestimmten Tempo. Was sich sehr langsam fortbewegt, im Rhythmus eines Traktors, wird kaum wahrgenommen. Überhaupt ist der Westen sehr schnell. Der erste Eindruck, den man vom Westen hat, das ist eine unglaubliche Schnelligkeit der Bewegungen.

Ein gutes Beispiel: Jeder weiß, daß man, um auf die Stufe einer Straßenbahn aufzuspringen, zumindest ein gewisses Ausgangstempo entwickeln muß – ebenso beim Aussteigen. Das heißt, damit dich jemand in der Straßenbahn bemerkt und dir die Hand reicht, damit du aufspringen kannst, mußt du schon ein Tempo entwickelt haben, das dem der Straßenbahn entspricht. »Ein Tempo entwickeln, das dem der Straßenbahn entspricht« – das bedeutet, daß du eine so und so große Menge nicht nur an Arbeiten, sondern auch an kleinen und später großen Beteiligungen an Ausstellungen haben mußt, damit man dich von diesem Moment an wahrzunehmen beginnt. Du wirst bemerkt, aber das heißt nicht, daß sie dich auch nehmen. Du mußt einfach sehr lange neben der Straßenbahn herlaufen. Die psychische Situation ist, das muß ich sagen, außerordentlich schwierig, weil laufen schwer ist – man braucht ein Atelier, Geld und überhaupt eine gewisse Fürsorge. Aber es reicht dir aus der Straßenbahn heraus niemand die Hand. Ein quälender, mystischer Zustand – »Wie lange werde ich neben der Straßenbahn herlaufen müssen?« Iwanow ist schon aufgesprungen, Petrow hat sich am Fenster breitgemacht, und du läufst und läufst. Nichtsdestotrotz zeigt der Westen, daß du nur in diesem Zustand eine Chance hast, in die Straßenbahn hineinzukommen. Wir reden jetzt darüber, wo die Selektion stattfindet und was ihr Kriterium ist. Das Kriterium ist die Synchronie des mit deinen Arbeiten Hervortretens ohne die ausgestreckte Hand – die Synchronie mit dem Prozeß, der in der Kunst weltweit abläuft. Entsprechend müssen wir annehmen, daß die künstlerische Welt eine dynamische Figur ist, und ich denke, daß das stimmt.

Die Konzeption von der Kunstwelt als einem dynamischen System gibt die Möglichkeit, in dieses System einzutreten. Jede Konzeption von der künstlerischen Welt als Panorama, Amphitheater oder, überhaupt, als etwas Statischem, Unbeweglichem schneidet praktisch jede Möglichkeit ab, in sie hineinzukommen, weil du nach dieser statischen Konzeption ein Werk schaffst, das in einer Reihe mit den funkelnden Sternen stehen soll. Allerdings ist es in Wirklichkeit anders: Wir wissen, daß sich die Sterne nach dem kopernikanischen System bewegen und nicht gemäß dem ptolemäischen System »am Himmel angenagelt« sind. Aber das russische System ist, wie du weißt, ein ptolemäisches: Es geht davon aus, daß der Künstler auf unbegreifliche Weise am Horizont angelangt ist – offenbar hat ihn eine unsichtbare Hand dort angenagelt, und er tut nichts, als einfach zu strahlen ...

Wobei hier nicht nur das Tempo der Arbeit wichtig ist,

sondern auch die Makellosigkeit der Arbeit, ihre Stetigkeit und ihre Qualität. Aber vor allem ihr Niveau. Das ist die delikateste und schwierigste Frage – was bedeutet Niveau? Der Westen prüft nicht nur das Tempo, sondern auch die Qualität der Arbeit. Diese verteufelte Frage nach der Qualität ist das Problem. Zum Beispiel sagt jemand, »Meine Arbeit ist nicht schlechter als die von Iwanow!«, was zutrifft. Man kann vielleicht sagen, daß die Qualität der einzelnen Arbeiten von Petrow und Iwanow vollkommen identisch ist, und vielleicht hat Petrow seine Arbeiten sogar besser gemacht als Iwanow, der längst in der Straßenbahn sitzt. Wo ist denn hier die Gerechtigkeit, und wo ist das Qualitätskriterium, denn die Qualität ist dieselbe oder besser als bei Petrow? Wo findet die Selektion dieser nicht nur tempomäßigen Beständigkeit der Arbeit statt, zu der übrigens viele in der Lage sind, sondern ihrer Qualität?

G. Ich denke, wenn wir bei deinem Modell mit der Straßenbahn bleiben, dann ist das die Frage nach der Fahrtrichtung. Weil man sich leicht einen Menschen vorstellen kann, der in unwahrscheinlichem Tempo läuft, aber entweder in die entgegengesetzte Richtung oder einfach quer zur Straßenbahn. Wenn wir so jemandem sagen: »Was rennst du denn quer zur Straßenbahn, so wirst du ja niemals aufspringen können?«, so kann er dir antworten: »Vielleicht bin ja ich die Straßenbahn?« Oder: »Vielleicht fahren all die Leute, die in der Straßenbahn sitzen, wer weiß wohin, aber irgendwann besinnen sie sich und fahren hinter mir her?« Wofür es Beispiele gibt in der Weltgeschichte, die so aussehen, daß sich die Menschen von Zeit zu Zeit wirklich umorientiert und plötzlich eine andere Richtung eingeschlagen haben. Und jetzt will ich dich fragen: »Wohin soll ich laufen?« Das wäre auch die Grundfrage bezüglich der Qualitätskriterien.

K. Ich würde diese ewige Frage in zwei Punkte teilen: den Inhalt – also wohin soll ich laufen? – und: wie soll ich laufen? Und antworten würde ich folgendermaßen: Der

Inhalt ist immer gleich, aber die Form, die verfluchte, die ändert sich.

Wenn wir die Antwort so in zwei Hälften teilen, erhalten wir nach dem »Gesetz des Löwenfangs« eine einfachere Lage. Es geht darum, eine Form zu finden, die dem nahe käme, wohin die Straßenbahn fährt. Die jüngere Geschichte der Künste besteht aus dem Wechsel der Formen – darüber brauchen wir gar nicht zu diskutieren. Das bedeutet, daß es bestimmte Prozesse gibt, die man entweder intuitiv erraten oder, als guter Computerspezialist, nach der Wahrscheinlichkeitstheorie berechnen kann – etwa daß auf den Herbst wohl ein Winter folgt und nicht ein Sommer.

Wir werden jetzt nicht über die Methode rätseln, wie man die Formen errät, sondern nehmen an, daß auf unser jetziges ein vollkommen entgegengesetztes System folgt. Wenn heute die und die Formen dominieren, dann werden nach einem ehernen Gesetz in drei Jahren die entgegengesetzten dominieren. Du setzt, wie beim Roulette, auf Rot, weil Schwarz schon fünfmal gewonnen hat. Das heißt, die Künstler bewegen sich auf dem formalen Weg. Sie beschließen schon in dem Moment auf Schwarz zu setzen, wenn alle auf Rot gesetzt haben. Wenn zum Beispiel der Minimalismus vorherrscht, muß man das Literarische, Illustrative und Figurative einführen. Das ist eine formale Methode, und sie bewährt sich.

Ich denke, daß diese formale Methode optimal ist, weil die Bewegung in Richtung Inhalt, obwohl sie scheinbar psychologisch eher gerechtfertigt ist und kein so hohes Risiko birgt – weil sie sich am inneren, wirklichen Verständnis orientiert, und das ist immer mit dir –, das Risiko birgt, daß du bei der Wahrheit bleibst, aber nicht imstande bist, die formalen Strukturen ihres Auftretens zu erraten. Aus der Wahrheit an sich folgt auf keine Weise, daß man diese Wahrheit jedesmal in einer neuen Form zeigen muß. Die Wahrheit ist indifferent gegenüber der Form ihrer Darlegung. Darum ist ein Sichverlassen auf das Inhaltliche vom Standpunkt der »Straßenbahnstrategie« sehr gefährlich. Die Kunst ist formal.

G. Daß die Kunst formal ist, ist klar. Aber du gehst davon aus, daß es einen objektiven, außerhalb des Künstlers verlaufenden Prozeß des Stil- und Formenwechsels gibt, dem sich der Künstler nur anpassen muß.

K. Ja, ein Prozeß, der auf dem Prinzip der Ermüdung und der Erholung von Formen gründet.

G. Ja, das ist das klassische Prinzip des russischen Formalismus. Die eine Form hat sich verselbständigt, man ist ihrer überdrüssig geworden – also muß eine andere her. Aber ich habe das Gefühl, daß heute das Tempo nicht das Tempo des Hinterherlaufens hinter der sich objektiv bewegenden Straßenbahn ist, sondern einfach nur Tempo. Das heißt ein neutrales Tempo, so daß seine Richtung keine Rolle mehr spielt. Jetzt laufen alle in alle Richtungen zugleich.

K. Kompensatorische Prozesse?

G. Gar nicht einmal – einfach unterschiedlich gerichtete. Aber alle gemeinsam reproduzieren in all diesen Bewegungen ständig das System als Ganzes. Darin besteht wahrscheinlich auch ihre objektive Rolle: In der jetzigen pluralistischen Situation müssen sämtliche möglichen Positionen gleichzeitig vertreten sein, und nicht einander ablösen, wie das früher war.

K. Ich stimme dem zu, aber weißt du, mir ist der Gedanke gekommen, daß parallel zu diesem Prozeß der beschleunigten Reproduktion des Systems ein Prozeß der erhöhten Konzentration der Aufmerksamkeit für jedes einzelne Werk abläuft. Zu Beginn des Jahrhunderts wurde prophezeit, daß wir alle Nummern sein werden und keine Persönlichkeiten. In Wirklichkeit gibt es nicht nur keinen Verlust an persönlicher Verantwortung, sondern umgekehrt, der einzelne Name und auch das Produkt, das der Träger dieses Namens herstellt, werden zu Objekten der äußersten Aufmerksamkeit. Das heißt, es erscheinen hyperschwere, hyperkompakte, hyperenergetisch aufgeladene künstlerische, literarische und kritische Werke.

Aber es ist interessant, daß für den außenstehenden Betrachter – etwa für einen Künstler aus Rußland – viele Arbeiten aus dem Westen einfältig und sogar primitiv erscheinen. Ich muß sagen, daß das falsch ist, daß das ein großer Irrtum ist. Je minimaler die Mittel, mit denen manche Dinge gemacht sind, desto konzentrierter sind diese in formaler Hinsicht. Nur auf den ersten Blick sind die Kastenobjekte von Donald Judd einfach. Nur dem außenstehenden Blick erscheinen die Texte von On Kawara einfältig. Tatsächlich sieht man, wenn man hier lebt, die unwahrscheinliche Konzentration und Kompaktheit, wenn man so sagen kann, der vierten, fünften und weiterer Dimensionen, die in diesen Dingen stecken. Aber das sieht man, wie gesagt, nur bei ihrer näheren und richtigen Betrachtung.

G. Ja, aber das ist nicht nur in Rußland so, daß du, wenn du die Kästen von Donald Judd siehst, nicht verstehst, wozu sie gemacht sind, – im Prinzip versteht das niemand, der Donald Judd nicht persönlich kennt oder sich speziell mit seinen Arbeiten beschäftigt und sich mit ihrer Problematik vertraut gemacht hat.

Wir haben inzwischen eine Kultur, in der zwar eine riesige Menge an Information produziert wird, aber diese Information ist Informationsmüll. Dieser ununterbrochene Müllstrom von Information macht ihre Aneignung prinzipiell unmöglich. Du kannst nichts erfahren aus den Zeitungen, aus der Literatur, aus dem Radio, aus dem Fernsehen, weil all das zusammenfließt zu einer einzigen formlosen Masse. Darum kennst du eigentlich nur jene Leute, die du persönlich kennst – das gesamte kulturelle Geschehen verschwindet aus deinem Gesichtsfeld. Die persönlichen Bekannten sind dabei gewöhnlich nur sehr wenige – buchstäblich ein paar Leute. Trotzdem zeigt sich, daß die Bekanntschaft mit diesen Leuten und ihren Arbeiten vollkommen ausreicht, um sich in der kulturellen Situation zu orientieren. Darum ist mein Eindruck von der westlichen Kultur überhaupt der, daß hier nur sehr kleine Gruppen miteinander bekannter Leute gut funktionieren – wobei es nicht notwendig ist, daß sich die Gruppen untereinander kennen.

K. Ja, ich stimme dir zu, und das, wovon du sprichst – dieser persönliche, recht freundschaftliche Kontakt mit einem kleinen Kreis von Leuten –, läßt sich, wie sonderbar auch immer, auf das gesamte westliche System erweitern – auch auf das Geschäftsleben. Von Rußland aus erscheint der Westen als ziemlich gut strukturiertes System. Aber zur Genugtuung unserer russischen Seele muß man sagen, daß das westliche System genauso funktioniert wie das russische, das heißt, als System von Bekanntschaften und des persönlichen Vertrauens unter ganz wenigen Leuten. Das Funktionieren der Museums-, Galerie- und sonstigen Beziehungen gründet darauf, daß man der Meinung eines anderen Menschen persönlich vertraut. Das geht soweit, daß Liebe und Arbeit im Grunde im Westen längst zusammengewachsen sind, und anders kann man nicht arbeiten.

Du vertraust den Menschen, die nicht einfach ihre Arbeit erledigen. Ihre Arbeit erledigen können sehr viele, aber es zeigt sich, daß die Arbeit davon nicht besser wird; im Gegenteil – sie wird, weil man sie erledigt, immer schlechter. Um eine Arbeit richtig zu machen, braucht man einfach, was man Liebe zu dieser Sache nennt. Und du vertraust den Menschen, die ihre Sache nicht nur ordentlich erledigen, sondern sie lieben, was uns zurückführt zu den sowjetischen Vorstellungen von einer auf Liebe aufgebauten Welt.

Ein Geschäftsmann wurde gefragt: »Kann man sich denn ewig mit Geschäften befassen? Das macht Sie wahrscheinlich zu müde, um ein Hobby zu haben?« – worauf er einfach bemerkte: »Entschuldigen Sie, meine Arbeit ist mein Hobby.« Ich weiß, daß die Menschen, denen, wie man sagt, »alles gelingt«, diejenigen sind, bei denen Leben und Arbeit eine Einheit bilden. Wichtig ist auch die

Einbeziehung von anderen in die eigene Arbeit. Diese Dreierstruktur – die Arbeit selbst, die extreme Liebe zu ihr und die Einbeziehung gleichgesinnter Personen in diese Arbeit – schafft, glaube ich, das, was die Kunst heute am Leben hält.

Mit dem Verstoß gegen dieses Prinzip hört die Arbeit sofort auf. Du weißt auch, wenn man eine Ausstellung macht, dann ist das Allerschönste – wenn Leute mitarbeiten, die freiberuflich sind und speziell dafür eingestellt. Sobald die Gewerkschaften oder ein anderer sozialistischer Beigeschmack bei dieser Arbeit auftauchen, geht sie sofort kaputt. Sofort stockt die Vorbereitung der Ausstellung, die Arbeit wird tödlich langweilig, niemand versteht etwas, alle wollen alles hinschmeißen – faktisch stehst du kurz vor dem Scheitern.

G. Hier ist noch wichtig, daß es im Westen nicht nur ein einziges Geschmackssystem und ein einziges System der kulturellen Identifikation gibt, das für die gesamte Gesellschaft gilt. Darum müssen sich deine Persönlichkeit, deine Vorlieben, deine psychischen Reaktionen mit den Reaktionen eines bestimmten kleinen Kreises treffen – und zwar auf einer fast biologischen oder erotischen Ebene. Die Erotik ist hier übrigens praktisch die einzige Methode der Sozialisierung, nachdem alle anderen längst zerfallen sind. Darum spielen rein körperliche Charakteristika eine große Rolle: die Art, sich zu bewegen, der Typ des Humors usw. Und weil die westliche Gesellschaft extrem differenziert ist, sind diese quasi-erotischen Vorlieben ebenfalls extrem differenziert, und man findet eine extreme Empfänglichkeit für minimale Nuancen. In Rußland war es nicht so – dort wurde die Kultur unpersönlicher aufgenommen und war in hohem Grade an die Massen gerichtet.

Ich muß sagen, wenn du zum Beispiel mit Kuratoren, mit Künstlern, mit Kritikern oder Galeristen über eine Arbeit sprichst, bist du oft verblüfft darüber, wie genau sie sie auf dieser erotischen Ebene wahrnehmen und was für feine Nuancen ihrer Eigenart sie feststellen, um zu sagen, »Ja, das ist was für uns« oder »Nein, das ist nichts für uns, das gefällt uns nicht«, obwohl sie dabei der Inhalt oder Sinn dieser Arbeit eigentlich absolut nicht interessiert.

K. Ja, natürlich. Aber ich glaube, daß auch in der russischen Gesellschaft eine solche instinktive, unbewußte und augenblickliche Differenzierung existiert – zum Beispiel in unserem Kreis. Das Kriterium sind irgendwie falsche, nicht im richtigen Ton gesagte Worte – das schließt die Möglichkeit weiterer Zusammenkünfte für immer aus. Ich glaube, daß auch die russische Gesellschaft äußerst empfänglich ist für solche Sachen, nur findet im Westen die Selektion nach den einen Kriterien statt und in Rußland nach anderen.

G. Ja, wirklich, in unserem Kreis hat es das gegeben, und ich glaube, daß das der Grund ist, warum sich seine Mitglieder gut einleben im Westen. Die meisten russischen Autoren orientieren sich innerlich nicht an einem bestimmten engen Kreis, sondern am »Publikum«, am »Leser« oder »Betrachter« schlechthin, die es im Westen einfach nicht gibt – und darum fühlen sie sich hier schlecht.

Bei uns gab es diese konsequente Verbindung von individueller Psychik und kulturellem Diskurs. Das heißt, der kulturelle Diskurs wurde als persönliche Sache eines jeden aufgefaßt – auf allen Ebenen. Aber sobald du dich nur ein bißchen von unserem Kreis entferntest, änderte sich die Situation abrupt. In ihrem Charakter, ihrer Aufnahmefähigkeit, ihrer Lebensweise sehr unterschiedliche Leute haben alle, sagen wir, Camus gelesen, und alle haben gesagt, daß er ihnen gefällt. Auf diese Weise trennten sie die kulturellen Codes von den psychologischen – und wurden zu diesen abstrakten »Lesern«. Im Westen aber sind die kulturellen Codes differenzierter und stärker auf den Lebensstil von kleinen sozialen Gruppen bezogen.

K. Das denke ich auch. Wenn wir auf das Bild der Währung zurückkommen, die selbst in die feinsten künstlerischen Sphären eindringt, können wir sagen, daß die kulturellen Codes eben jener Währungssicherheit entsprechen, die bei jeder Kommunikation vorausgesetzt wird. Alles wird ausgetauscht und alles mit jenem kulturellen Code verglichen, den der im Auge hat, der spricht, und – wie er voraussetzt – auch der, der zuhört. Bei jeder Kommunikation hört man in der Antwort wie auch in der Frage die Anwesenheit der Währung – so wie es, wenn du eine Scheckkarte vorlegst, um die Deckung dieser Scheckkarte geht, obwohl du die Karte vorlegst.

G. Es ist so, daß das zwei Prozesse sind, die vollkommen parallel laufen: der Prozeß der Universalisierung des Lebens und der Information – und der Prozeß einer immer feineren Differenzierung, einer immer stärkeren Pluralisierung der heutigen Gesellschaft und ihr Zerfall in immer kleinere und sich bewußt voneinander unterscheidende Kreise. Dabei sind sie so weit differenziert, daß du das beim besten Willen nicht schaffst, selbst wenn du dir diesen Code aneignen willst. Du mußt einfach dich selbst realistisch anschauen, realistisch die differenzierte Welt um dich herum anschauen – und verstehen, in welcher Sphäre du aufgenommen werden und dich wohlfühlen wirst. Man soll überhaupt nicht versuchen, sich irgendwelche spezifischen Codes anzueignen. Das führt nur zu sinnlosem Zeitverlust und zu Frustration. Ich habe viele solcher Situationen beobachtet, und alle endeten sie traurig.

K. Ich bin vollkommen deiner Meinung, aber das ist wirklich ein sehr betrübliches Bild – betrüblich hinsichtlich der traditionellen psychologischen Voraussetzung, daß »wir alle frei sind und so oder anders – nachdem wir eine Reihe von Fehlern gemacht haben – eine richtige Entscheidung treffen können«. In diesem System ist es so, daß du niemals zu einer richtigen Entscheidung kommst, auch wenn du über die Gründe für deine Fehler denken kannst, was du willst.

G. Ich denke, daß darauf alles hinausläuft. Ich habe schon gesagt, daß ich mich selbst immer stärker als wandelndes Ready-made empfinde. Schließlich sind das, was wir auf dem kulturellen westlichen Markt verkaufen, nicht unsere Werke, sondern wir selbst. Und selbst können wir uns nicht schaffen. Wir verkaufen uns so, wie uns die Umstände geschaffen haben.

Der westliche Individualismus reduziert alles auf die einzelne Person und bindet die Produktion dieser Person sehr stark an sie selbst – was natürlich auch ziemlich naiv ist. Deswegen gibt es hier keine abstrakte, unpersönliche Vorstellung von Kultur, die etwa in Rußland existiert und die den Menschen in gewissem Sinne frei macht – frei von sich selbst. Im Westen reduziert sich gewöhnlich alles auf den individuellen Körper und auf eine Art organisch-erotische Chemie.

Es gab so eine bemerkenswerte avantgardistische Losung, die besagte, man müsse die Grenze zwischen Kunst und Leben überwinden. Und das ist geschehen. Die Kunst wurde zur Form des Lebens, die Form des Lebens wurde zur Kunst – und zwar nicht darum, weil jemand das will, sondern es ist einfach alles so organisiert, daß es anders nicht geht.

K. Ja, natürlich, die Gesellschaft ist unwahrscheinlich differenziert und besitzt eine Unzahl aller möglichen Etagen, Nischen und dergleichen, aber man spürt sehr stark die Trennung in produktiv funktionierende und nicht produktiv funktionierende Personen. Man spürt es vor allem an der Lebensweise. Bei Leuten, von denen man sagen kann, daß sie ständig produktiv arbeiten, verschmelzen Arbeitszeit und Freizeit zu einem gemeinsamen Ganzen. Du siehst, daß ein Mensch von morgens bis abends arbeitet, und zur gleichen Zeit scheint er frei zu haben. Übrigens zeigen Beobachtungen, daß es von diesen Leuten im Westen gar nicht so viele gibt. Die in Rußland verbreitete Vorstellung, daß »im Westen alle arbeiten«, bestätigt sich in Wirklichkeit nicht. Es gibt Leute, die wirklich sehr viel arbeiten, und es gibt die Mehrheit, die ein normales Leben führt.

G. Aber in der Arbeit steckt auch eine bestimmte Gefahr. Sie hat mit dem Problem des Schöpferischen zu tun. Woraus speist sich das Schöpferische? Woraus speiste es sich traditionell? Es speiste sich aus der freien Zeit. Der normale Bürger hat immer gearbeitet, während die Dichter oder Maler frei hatten: Sie hatten die Möglichkeit, lange Zeit der Liebe oder dem Nachdenken zu widmen, dem Schlagen der Nachtigall zu lauschen, stundenlang über Wiesen zu spazieren, die Natur zu betrachten usw. – und die Erfahrung, die sie so gewannen, gestalteten sie dann und verkauften sie auf dem Kulturmarkt.

Jetzt arbeiten und arbeiten gerade bildende Künstler und Autoren ununterbrochen. Aber wenn sie keine freie Zeit mehr haben, was ist dann eigentlich mit ihnen?

K. Denken wir an die Lebensbeschreibungen großer Schauspieler oder Musiker – sie haben immer viel gearbeitet. Aus diesen Beschreibungen geht hervor, daß ein großer Schauspieler oder Musiker nicht der ist, der so sehr erschüttert ist, daß er aus Selbstvergessenheit singt, sondern der, der einen anderen erschüttert – und sich überhaupt nicht darum kümmert, in welchem Zustand er selbst ist, weil sein kreatives Ziel eben darin besteht, daß es dich packt und keineswegs ihn selbst. Das negiert die bemerkenswerte Theorie der Authentizität, nach der geglaubt wird, daß man einen anderen nur damit ansteckt, was zugleich mit einem selbst geschieht.

Auch die heutigen Produzenten schaffen jenes Produkt, das auf andere wirken soll. Aber im Unterschied zu früher sind diese anderen heute selbst Produzenten, die sich nicht betrügen lassen: All diese technischen Produkte zur Erschütterung des anderen werden für ihresgleichen gemacht. Es kommt zu gegenseitigem Sichhochschaukeln von Leuten, die miteinander in Konkurrenz stehen. Der eine erschüttert den anderen – aber der andere ist auch nicht abgeneigt, ihn noch weiter zu übertreffen. Das ist gewissermaßen eine Konkurrenz von Gauklern, die immer neue und neue Nummern vorführen, um den anderen Gaukler mit ihrer Nummer zu verblüffen. Das heißt, die Kreativität entsteht durch die Konkurrenz unter Produzenten und keineswegs auf der Ebene der Nachfrage. Nach der heutigen Kunst fragt heute überhaupt niemand.

G. Und all diese Kuratoren und Kritiker?

K. Sie fragen sie nicht nach, sondern bewerten sie. Das heißt, die Nachfrage besteht in der Bewertung ...

G. ... und nicht im Erlebnis.

K. Ganz genau. Das ist, als ob ein Gärtner Äpfel vorzeigt und man für sie bezahlen würde, weil es die besten Äpfel im ganzen Garten sind – aber niemand würde sie essen. Das ist das Paradoxe an der heutigen Kunstwelt, aber es wird von allen bemerkt.

Übrigens weckt das eine entsetzliche Assoziation zum sowjetischen System der künstlerischen Produktion: Dort gab es, wie du weißt, auch nach nichts eine Nachfrage, und alles wurde trotzdem in großen Mengen hergestellt ...

G. Doch, ich denke, daß es da eine ideologische Nachfrage gab. Ich glaube nicht, daß es in der Sowjetunion »reine Kunst« gab im westlichen Sinn des Wortes. »Reine Kunst« – das ist eben das Bewahren der Objekte im Museum oder in der Bibliothek ohne den Blick auf eine mögliche Nachfrage. Kunst ist eine bestimmte Summe von Objekten, die überhaupt nicht konsumiert werden. Die Idee des Konsums hat nämlich mit Vernichtung zu tun: Wenn du etwas komsumierst, dann vernichtest du es. Darum widerspricht die Idee des Bewahrens der Idee des Konsums – auch des ästhetischen Konsums.

K. Wenn das wahr ist, dann erhöht das die Kreativität des Produzenten außerordentlich.

G. Ja, das ist eine ständige Herausforderung an den zeitgenössischen Künstler – etwas zu produzieren, das jenseits jeder möglichen Nutzung liegt. Der zeitgenössische Künstler ist bemüht, Objekte zu machen, die sich einfach nicht benutzen lassen, selbst wenn es jemand wollte.

K. Ja, das Absurde des zeitgenössischen Bildes besteht darin, daß man mit ihm nichts anfangen kann – nicht einmal anschauen kann man es.

G. Außerhalb der westlichen Kultur ist diese gesamte Situation überhaupt unverständlich. Ich glaube, wenn viele sagen, daß sie die zeitgenössische Kunst nicht verstehen, dann verstehen sie schon den Typ des Funktionierens dieser Kunst nicht – jenen Ort, den sie im gesamten System der Nachfrage einnimmt. Sie wollen etwas mit ihr anfangen und wissen nicht wie. Aber in Wirklichkeit ist sie ja gerade dafür gemacht, daß man nichts mit ihr anfangen kann. Wenn die Leute das verstünden, verstünden sie sofort alles. Diese psychologische Blockade zeigt, daß der Ort der Kunst heute komplexer ist als die Kunst selbst. Die zeitgenössische Kunst ist in Wirklichkeit ziemlich einfach, aber ihr Ort in dieser ganzen Struktur läßt sich nur schwer fassen.

Übrigens, wenn wir jetzt von diesem System der westlichen Kunst sprechen, dann müssen wir natürlich daran denken, daß wir selbst aus einem anderen Land kommen, aus einem anderen System der Kunst, das niemals neutral war.

K. Natürlich, da besteht ein riesiger Unterschied.

G. Worin siehst du ihn?

K. Ich sehe eine Vielzahl an Komponenten. Das erste, was mir einfällt – wir beide haben schon darüber gesprochen –, ist die Vorstellung der russischen Künstler, daß es im Westen (überhaupt auf der ganzen Welt, aber im Westen besonders) ein wabenartiges System gibt, ein vieletagiges Gestell – luftig, durchsichtig, mit einer großen Menge strahlender, offener Zellen. Diese prächtige Konstruktion ist – von den untersten bis zu den höchsten Rängen – wie eine Pyramide gebaut, wobei die Menschen (in unserem Falle die Künstler) eine Art Bienenvolk darstellen und, dank persönlicher Anstrengungen oder durch Zufall, dieses prächtige Wabensystem anfüllen. Und wenn sie in diese Zellen kommen, bleiben sie dort auch sitzen.

Ich habe mir jetzt die Startsituation vorgestellt, als dieses Gestell noch leer war. Aber das Tragische ist, daß jede Generation, auch die heute lebende, das entsetzliche Bild der alle Zellen besetzt haltenden, aus der Sicht der neuen Generation widerwärtigen Wespen antrifft oder irgendwelche anderen Wesen, deren Ziel es ist, diese Kästchen zu füllen, dort zu sitzen und »keinen reinzulassen«. Und es ist schrecklich, daß fast alles schon besetzt ist. Außerdem besteht das Problem auch darin, daß man die oberste Zelle dieser Pyramide zu besetzen wünscht. Das heißt, man muß das dort sitzende Wesen, unklar wie, rausschmeißen, herauszerren und sich schnell auf seinen Platz setzen – und anschließend, mit dem Blick auf das Ganze, zufrieden sein, daß man die gewünschte Etage erreicht hat.

Dieses Bild ist ganz typisch für das russische Bewußtsein: Alle Plätze sind besetzt, und jeder Mensch hat im Leben die höchst wichtige Aufgabe, den zu vertreiben, der sich in seiner künftigen Zelle befindet, und sie selbst einzunehmen. Ich muß sagen, daß diesem Bild von der westlichen Welt in der Realität nichts entspricht und es mal wieder eine Phantasie des russischen Künstlers ist. Wenn du im Westen lebst, siehst du, daß es überhaupt keine Struktur gibt, jeder Mensch »produziert« seinen Platz gewissermaßen »aus sich selbst heraus«, und nur er kann ihn auch einnehmen. Wenn er ihn selbst nicht einnimmt, bedeutet das, daß auch der Platz gar nicht existiert, das heißt, niemand nimmt irgendetwas ein.

Das widerspricht natürlich dem unbestreitbaren Sachverhalt, daß ein Museum einen Direktor und jede Zeitung einen Kritiker hat, worauf das russische Bewußtsein zu Recht verweist. Wenn es ein Direktorenzimmer gibt und einen Direktorensessel, dann, so versteht sich, gibt es so etwas auch in der Hierarchie der Künstler – nur kann man nicht genau auf den Sessel zeigen, aber das ändert die Lage nicht. Ich muß allerdings sagen, daß auch der Direktorensessel erst durch den Namen seines Besitzers entsteht, wie sonderbar das auch klingt. Das heißt, jeder Mensch bildet einen Platz aus, der von allen anerkannt wird, doch mit dem Verschwinden des Menschen löst sich auch dieser Platz in Luft auf.

G. Ja, was du sagst, ist vollkommen richtig, und ich muß sagen, daß in der russischen Presse in den letzten Jahren ständig die Frage diskutiert wird: »Hat der Westen recht oder nicht, daß er den Platz des wichtigsten Künstlers in Rußland mit diesem oder jenem Menschen, zum Beispiel diesem Kabakow, besetzt hat?« Das heißt, man nimmt an, daß diese unsichtbare Hierarchie existiert und in ihr ein bestimmter Platz für den »wichtigsten russischen Künstler«. Und für die ganze Welt ist es von großem Interesse, wer diesen Platz einnehmen wird.

K. Bei Nekrassow gibt es eine Passage: »Den Platz des wichtigsten Poeten in Rußland besetzte Limonow und inzwischen – Prigow« – so oder ähnlich.

G. Ja, es gibt eine Vakanz, und sie ist sehr wichtig. Nehmen wir an, es wird eine Weltausstellung gemacht. Wer wird dazu eingeladen? Der wichtigste Künstler Frankreichs, der wichtigste Künstler Englands, der wichtigste Künstler Italiens und der wichtigste Künstler Rußlands. Daher ist es sehr wichtig, ob du der wichtigste bist.

K. Und alle schauen sie, »ist der wichtigste türkische Künstler gekommen?« Dieses Etikett funktioniert in allen möglichen politischen Arenen – daß sich alle um einen Tisch versammeln, die den gleichen Rang besitzen.

G. Ja, von jedem Land braucht man den wichtigsten Künstler. Aber es gibt Länder, die sich künstlerisch stärker hervortun – dort kann es viele wichtigste Künstler geben. Zum Beispiel die zehn wichtigsten Künstler aus Amerika, die zwei wichtigsten Künstler aus Frankreich und einer oder zwei aus Rußland. Aber hier entsteht natürlich eine ganze Reihe von Problemen, die damit zu tun haben, daß in der westlichen Optik solch eine Position überhaupt nicht existiert; die Leute sehen einfach einen guten, für sie interessanten Künstler, und erst anschließend stellt sich heraus, daß er etwa aus Rußland kommt, so daß im Grunde erst die Entdeckung dieses Künstlers der Ausgangspunkt für das Interesse an dem Kontext ist, aus dem er kommt. Darum verliert sich, wenn dieser Künstler aus diesem oder jenem Grund verschwindet, zusammen mit ihm auch das Interesse an seinem Kontext. Keinerlei weitere Suche nach dem wichtigsten Künstler für diesen Kontext findet mehr statt.

K. Ja, aber das ist schrecklich für unsere Mentalität, für die alles auf einem kollektiven, ganzheitlichen Bild der Welt fußt. Das, was du erzählst, ist unannehmbar und wirkt wie aus einem bösen Traum. Und was ist mit allen übrigen? Wie kommt es zu dieser Wahl?

Die Gerechtigkeit ist einfach erschüttert in dieser Beziehung – und sie heult auf.

G. Du hast vollkommen recht. Aber das Problem ist, daß es Gerechtigkeit vielleicht zwar gibt, wir aber von niemandem dazu eingesetzt sind, sie zu üben. Der russische Mensch meint, daß du dich beispielsweise mit Kunst beschäftigst, weil du von jemandem dazu eingesetzt bist, dich damit zu beschäftigen, und das verantworten mußt vor irgendeiner Instanz – das kann Gott sein, das Gewissen, der Staat, die Partei. Darum werde zum Beispiel ich, als Autor, der über die russische Kunst schreibt, dauernd dafür kritisiert, daß ich etwas nicht zum Ausdruck gebracht, übersehen, entstellt habe usw., während mich niemand dazu ermächtigt hat, die Geschichte der russischen Kunst zu schreiben oder auch herauszufinden, wer in dieser Kunst gut ist und wer schlecht. Ich schreibe nur darüber, was mich persönlich interessiert. Ich stecke meine eigene Zeit hinein, investiere meine eigene Arbeit, und bin darum vollkommen ohne Verantwortung vor Gott, der Geschichte, der Partei und dem Volk.

K. Hier würde ich noch einmal den prinzipiellen Unterschied zwischen Rußland und dem Westen unterstreichen: Der Westen hat eine gewaltige historische Erfahrung darin, Wörter auszusprechen, die nichts bedeuten, in der Überzeugung, daß ihre magische Kraft verflogen ist. Groys sagt das eine, Mister X sagt das andere, aber sie fallen nicht darum nicht übereinander her, weil sie so höflich wären, sondern weil sie überzeugt sind, daß sowohl das, was Groys gesagt hat, als auch das, was Mister X gesagt hat, die persönliche Angelegenheit jedes von ihnen ist und daß deswegen nichts passiert: Die Berge werden nicht einstürzen, die Züge nicht entgleisen ... In Rußland ist es vollkommen umgekehrt. Die Geschichte, die gerade im Westen große Bedeutung hat, verschwindet sofort aus dem Gesichtskreis – dafür stellt das heute Ausgesprochene einen unglaublich energiegeladenen elektrischen Blitz dar, der, wenn er, Gott bewahre, in die falsche Richtung geht, ganze Pferdeherden entzündet und ganze Scharen von Menschen. Das heißt, das ausgesprochene oder, noch schlimmer, das gedruckte Wort schafft Verwüstung in den Reihen der Feinde und hilft den Freunden, sich zu voller Größe zu erheben und nach rechts und links zu vernichten. Überhaupt hat der Text in Rußland eine kriegerische, sehr wirkungsmächtige Kraft. Das erinnert an jene mythischen »Schwarzmeerkrieger«, die reihenweise aus dem Wasser aufsteigen, reihenweise ihre Feinde bewußtlos schlagen – und wieder ins Wasser eintauchen.

G. Die Russen sind in der Vorstellung erzogen, wenn jemand schreibt, bedeute das, daß ihm das jemand erlaubt und ihn dazu ermächtigt hat. Die Zeitung *Prawda* etwa hat auch so funktioniert – irgendwer wurde damit betraut, einen Artikel gegen irgendwen zu schreiben, irgendein Schdanow oder Beskin hat diesen Artikel geschrieben, und tatsächlich: der Mensch wurde erschossen, seine Habe eingezogen, seine Frau und seine Kinder ins Gefängnis gesteckt usw. Und alle erwarten vom gedruckten Wort bis heute ähnliche Folgen. Es kommt den Leuten nicht in den Sinn, daß irgend jemand irgend etwas sagen kann, ohne dafür die höchste Sanktion erhalten zu haben, das heißt aus genau der Position, in der sie selbst sich befinden. Wenn er keine administrativen Sanktionen hat, dann muß er sie zumindest von einer »geistigen« Instanz haben – von Gott, der Wahrheit, der Geschichte ...

K. Und wenn man sich den Charakter dieser Instanz anschaut, erfährt man, daß sie keineswegs so abstrakt ist oder begrifflich oder weit entfernt – sie ist energetisch, physiologisch real vorhanden. Ich meine hier natürlich nicht das Politbüro oder etwas in der Art. Wenn ich eine beliebige russische Zeitschrift über die zeitgenössische Kunst lese, sehe ich, daß in Rußland zu leben eine ständige Qual ist, das ist eine mit nichts zu vergleichende Folter, weil man, wie bei Charms, »mal an Gogol stößt, mal an Puschkin«, man steht in einem überfüllten Metzgerladen, wo solche autoritätsbehafteten halben Schweine hängen und es unmöglich ist, sie einfach beiseitezuschieben und wegzugehen.

G. Aber gibt es das im Westen etwa nicht? Gibt es keinerlei sanktionierte Autoritäten, an denen man nicht vorbeikommt?

K. Wahrscheinlich schon, aber ich sehe nicht, daß die Leute hier so unablässig über sie stolpern.

G. Aber auch allgemein muß man sagen, daß das Thema Rußland, über das wir früher so gerne gesprochen haben, in der letzten Zeit für mich – und für dich wahrscheinlich auch – ein ungemütliches Thema geworden ist, weil unsere Situation als Russen im Westen ungemütlich geworden ist nach den Ereignissen der letzten Zeit in Rußland. Die russische Opposition unter dem Kommunismus – und wir alle gehören in der Terminologie des Westens zur russischen Opposition gegen diesen Kommunismus – wurde im Westen begrüßt, man sympathisierte mit ihr und dachte, daß sie der Sowjetmacht aus politischen, ideologischen, religiösen oder anderen Gründen widersteht und davon träumt, in Rußland eine neue Gesellschaft zu bauen. Obwohl die Sowjetmacht den

Westen ständig darauf hinwies, daß die sowjetische Opposition nichts Derartiges will, sondern in Wirklichkeit nur in den Westen kommen möchte, um mehr Dollars zu verdienen und sich im westlichen Leben besser einzurichten. Man glaubte ihr nicht. Jetzt ist die kommunistische Sowjetmacht zusammengebrochen, Rußland wurde zu einem Land der Freiheit (und in der Tat kann man sagen, daß es keine Zensur, keinen Totalitarismus mehr gibt), – doch ist nicht nur die russische Emigration nicht nach Rußland zurückgekehrt, um eine neue Gesellschaft zu bauen, wie das zum Beispiel nach dem Sturz des Zarismus war, auch fast die gesamte innere Emigration, die noch im Land geblieben war, reiste bei der ersten sich bietenden Möglichkeit aus. Man muß sagen, daß die westliche öffentliche Meinung dieses Phänomen negativ sieht, und ich, der ich hier lebe, muß mir ständig die Frage anhören: »Wann kehrt ihr denn endlich nach Rußland zurück und fangt an, dort eine neue Gesellschaft aufzubauen?« und »Was hält euch eigentlich im Westen, wenn in Rußland jetzt alle Möglichkeiten offen sind, und wie soll man das interpretieren?«

Mich bringt das für gewöhnlich nur dazu, mit den Schultern zu zucken und gar nichts dazu zu sagen. Kannst du das?

K. Ja, natürlich. Hier wird ein und dasselbe Phänomen auf völlig unterschiedliche Weise interpretiert. Aus einer bestimmten Perspektive sieht alles sehr einfach aus: Ein gewisser X, gebürtiger Russe, Franzose usw., lebte in seiner Heimat unter schwierigen Bedingungen, weil irgendwelche Drachen – Kommunisten, Faschisten oder andere Tunichtgute – von ihr Besitz ergriffen hatten. Aber es kam die Stunde der Befreiung, diese Drachen flogen davon oder krepierten, und das Land lag da – funkelnd wie die Sommersonne nach dem Abziehen der Gewitterwolken. Natürlich kehrt das Wesen, das unter dem Drachen gelitten hat, sofort zurück und nimmt das für einige Zeit unterbrochene glückliche Leben wieder auf. Ein einfaches Schema. Und ich muß sagen, daß im Westen, wo jeder (abgesehen von der Situation der Kriegszeit, der Flucht vor dem Faschismus und so weiter) auf seinem angestammten Territorium lebt, das nationale Selbstgefühl, »ich bin Deutscher«, »ich bin Franzose«, »ich bin Engländer« usw., axiomatisch ist.

Aber bei uns kam es unter der Sowjetmacht bei jedem Individuum zur planmäßigen Zerstörung des Nationalgefühls. Das Leben in der Sowjetunion war nicht ein Leben zu Hause, im eigenen Land – es war ein Aufenthalt in einer Art Wohnheim, wo man geschlagen wird. Ich spreche aus meiner eigenen Erfahrung, aber wenn ich meine Freunde anschaue, stelle ich fest, daß mit ihnen dasselbe passiert ist. Das wird im Westen nicht verstanden. Man versteht dort die Kappung dieser nationalen Wurzeln nicht. Ich zum Beispiel habe Angst, nach Rußland zu fahren, aber das ist keine Angst vor etwas Konkretem – es zieht mich einfach nicht dorthin, weil aus meinem Kleinhirn, aus meinem Unbewußten die bloße Vorstellung völlig ausgetrieben ist, man müsse den Ort lieben, an dem man geboren ist.

Ja, wirklich, ich kann mich an Ochotnyj Rjad erinnern und auch an mein Atelier, wo ich mich dreißig Jahre lang mit den Freunden getroffen habe, aber ehrlich gesagt, das ist für mich zu wenig, um mir eine Fahrkarte zu kaufen und hinzufahren. Und erst recht, um dort zu wohnen. Warum? Weil ich inzwischen begriffen habe, daß ich in Wirklichkeit nicht in Rußland, nicht in der Sowjetunion gelebt habe – ich habe in meinem Atelier gelebt, wie in anderen Ateliers und Wohnungen meine Freunde gelebt haben. Natürlich wird ein Europäer sofort sagen: »Moment mal, wahrscheinlich sind Sie doch Schi gelaufen, sind in die Natur gefahren und haben den windschiefen Zaun gesehen und die Birke dahinter?« Ich meine nicht solche Abgeschmacktheiten, sondern das, was ans Herz greift, was zu Tränen rührt. Alles ist derart total und endgültig ausgebrannt, daß ich, nicht, daß ich mich nicht erinnere – ich erinnere mich an alles sehr genau –, aber diese Erinnerung hat nicht das Magnetische, das nötig wäre, damit ich zurückkehren könnte.

Wenn du die Texte der Emigranten der ersten Welle aufmerksam liest, erkennst du diese »Kindheits-Stelle«, die sofort schmerzt. In der Regel ist das das Herumlaufen in kurzen Höschen an irgendeinem Fluß oder irgendeine Allee oder etwas anderes in dieser Art, – das heißt, dort, wo etwas sich so angehakt hat, daß es für immer schmerzt. Ehrlich gesagt, ich kann mich einfach, naja, an nichts erinnern, das mir wehtun würde. Das ist für den Westen unfaßbar.

G. Das kann man verstehen, aber nicht verallgemeinern.

K. Als persönliche Erfahrung betrachten, meinst du?

G. Ich denke, daß das deine Erfahrung ist, aber ich denke nicht, daß das die Erfahrung aller ist, die in der Opposition waren. Sagen wir so.

K. Aber ich bitte dich, in Opposition zu was? Das ist nur die Sicht des Westens, daß das Leben in jedem Land seine schlechten Seiten hat und parallel, selbstverständlich, auch seine guten. Jeder Mensch steht gleichsam ganz organisch in Opposition zum Schlechten, aber das Gute überwiegt das Schlechte, aus der Sicht des Westens, um ein Vielfaches, denn das sind doch: Heimat, Erde, Sprache, Kultur, Verwandte und Freunde und eine ganze Reihe weiterer Komponenten, die das Maß jedes Tunichtguts übersteigen, der all dies auf Zeit an sich gerissen hat.

G. Gut, aber wenn du behauptest, grob gesagt, daß es in Rußland nichts Gutes gibt, heißt das dann nicht, daß Rußland eine ständige und unveränderliche Gefahr für sich selbst darstellt, für die Menschen, die dort wohnen, wie auch für seine Umgebung – unabhängig davon, was für ein Regime dort herrscht?

K. Ja, das denke ich. Ich halte das für seine immanenten Eigenschaften. Diese Adelsnester, diese Alleen um das windschiefe Halbgeschoß und dergleichen – das sind eben jene Zonen menschlichen Wohnens, die später wehtun und einen zwingen, zurückzukommen zum windschiefen Zaun ... Du weißt, daß viele Emigranten zurückgekommen sind, um den Aufschlag des fallenden Apfels zu hören, und wenn sie ein Rotarmist empfing und zum Erschießen zerrte, dann verstanden sie nicht ganz, wie das weiße Kleid von Mama mit diesem Stiefel und dem Geräusch des Riegels zusammenhängt, der zuschnappte.

G. Und so war es, so ist es und wird es sein?

K. Ja, natürlich. Ich glaube, ja. Ich wiederhole, daß wir alle diese Insel hatten – unsere Ateliers, die aus unbekanntem Grund nicht plattgetreten wurden von eben jenem Stiefel – durch irgendeinen Zufall. Aber das bedeutet nichts: Ich weiß, daß diese Insel in der Luft hing und jederzeit zerstört werden konnte.

G. Ja, aber andererseits passen sich die russischen Emigranten praktisch nicht den westlichen Gegebenheiten an. Die Leute leben über Jahre im Westen – und können keine Sprachen, integrieren sich nicht in die Situation vor Ort, nehmen nicht aktiv am lokalen politischen und kulturellen Leben teil, ihre Arbeiten konzentrieren sich manisch auf immer dieselben russischen Themen und bleiben traditionellen russischen Vorstellungen verhaftet, ihre gesamte seelische und intellektuelle Welt ändert sich nicht im geringsten unter dem Einfluß der westlichen Eindrücke. Der normale Wunsch der Emigranten, sich in der neuen Heimat zu assimilieren, fehlt bei den Russen – auf allen Ebenen – beinahe vollkommen. Und all das trifft auch auf dich zu.

K. Ja, natürlich.

G. Aber warum, bei einem derart negativen Verhältnis zu Rußland, eine solche Fixiertheit auf alles Russische – und der völlige Verzicht auf innere Kontakte mit der westlichen Welt, die nur rein pragmatisch als äußere Wohnumgebung gesehen wird?

K. Ja, das ist eine zweischneidige Angelegenheit: Ein Wesen, das emigriert ist und nicht zurück nach Hause will

– aber eine ebensolche Inkongruenz und eine ebensolche Teilnahmslosigkeit besteht bei ihm auch hinsichtlich des Westens. Der emigrierte Mensch ist zweimal im Stich gelassen: einmal – von seinem eigenen Land, und das andere Mal – an seinem neuen Wohnort. Selbstverständlich bezieht sich das ganz unmittelbar auf mich selbst, aber auch auf meine – auch die jungen – Kollegen und Freunde. Erklären läßt sich das nur mit dem total geschlossenen Modell des Weltverständnisses und der Weltvorstellungen von Emigranten. Das ist ein Modell »ohne Fenster«. Übrigens gilt das auch für die angepaßtesten Leute – sie bleiben weiterhin »Russen ohne Fenster«. Was ich damit meine? Das ist eine besondere Einkapselung – wie bei einem Bathyskaph oder einer Weltraumrakete. Alles ist so gemacht, daß du an allen Punkten deines Bewußtseins geschützt, verhängt, abgeschlossen bist: mit durchsichtigen Fenstern, damit du dich orientieren kannst, nicht in eine Grube fällst oder an eine Wand schlägst, aber abgeschlossen von dem Einfluß der Umwelt auf dein inneres Modell. Das führt zu einer unwahrscheinlichen Hermetisierung der inneren Welt.

G. Ich sehe das auch. Natürlich kann man das damit erklären, daß man in Rußland an diesem Bathyskaphen, als einem System der Isolierung von der äußeren Welt, von äußeren Bedrohungen, lange Zeit gebaut hat. Im Westen nun gibt es diese Bedrohung vielleicht nicht mehr, aber der Bathyskaph funktioniert mechanisch weiter, und der Mensch kann nicht raus.

Übrigens weißt du, daß ich ein anderes Verhältnis zu Rußland habe: Ich fahre gern hin, beteilige mich an verschiedenen Projekten, kümmere mich darum, daß dort Sachen von mir erscheinen usw. Ich habe überhaupt kein besonders negatives Verhältnis zu Rußland – allerdings auch keine besondere Nostalgie, in der Art der Erinnerungen, von denen du sprichst. Für mich ist Moskau eine Stadt wie jede andere auch. Und ich begrüße auch die Möglichkeit, dort zu arbeiten, wie ich die Möglichkeit begrüße, an einem anderen Ort zu arbeiten. Mein Interesse gilt meiner Arbeit, und ich schließe Moskau davon nicht aus, obwohl ich es auch nicht speziell darin einschließe.

K. Borja, ich glaube, in diesem Fall spricht aus dir einfach deine sehr starke und prinzipielle Abneigung dagegen, eine einmal gefällte Entscheidung in Frage zu stellen – denn, ich wiederhole es noch einmal: in Rußland kann man nichts tun.

Nicht eine einzige Sache kann man da tun aus vollkommen konkreten, natürlichen Gründen, und wenn sich etwas tut – dann ist es die Folge davon, daß zufällig jemandem ein Fernseher auf den Kopf gefallen ist, das heißt, es ist die absolute Ausnahme und keineswegs die Regel. Ich gehe von der vielleicht wirklich düsteren Vorstellung aus, daß in Rußland nichts geschehen und nichts verwirklicht werden kann, daß nichts zusammenpaßt und nichts gelingt.

G. Aber du hast doch eine Menge gemacht, als du in Rußland lebtest. Du persönlich – ich kann mich sehr gut an dich erinnern in dieser Zeit – warst durchaus erfolgreich, du hattest alles, was du brauchtest, hattest nicht, was du nicht brauchen konntest, du warst durchaus erfolgreich im offiziellen Leben, aber auch die inoffiziellen künstlerischen Vorhaben, die du damals hattest, konntest du immer realisieren.

K. Völlig richtig, aber mit einer sehr wichtigen Ergänzung: All diese Anzeichen eines recht geglückten Lebens sind die Ergebnisse sehr komplizierter Manipulationen. Und all diese Manipulationen sind, aus der Sicht meines Gefühls dabei, erzwungen, falsch, verlogen und zutiefst unanständig. Daß ich Arbeit bekam vom Verlag, diese Arbeiten ausführte, ein Atelier zugewiesen bekam – das ist alles eine Kette krasser, schrecklicher Betrügereien, die vielleicht aus der Sicht Rußlands gar nicht einmal Betrügereien zu nennen sind, denn was ist Betrug? Ich habe niemals Schmiergelder gezahlt, um Arbeit zu bekommen, ich habe sie legal bekommen, weil ich so zeichnete wie es von mir erwartet wurde. Aber das, was ich gezeichnet habe, ist das Ergebnis der allerwiderlichsten Verbiegung meiner Vorstellungen davon, wie ich eigentlich hätte zeichnen müssen. Es ist das Ergebnis einer üblen Anpasserei, die ich Schritt für Schritt vollzogen habe, um mir dafür bestimmte Lebensbedingungen zu sichern.

G. Ja, aber ich glaube, daß das Experiment, das du in deinem Leben gemacht hast, nicht ganz korrekt ist. Es besteht darin, daß du den Prozeß deines Werdegangs in Rußland durchlaufen hast. Du hast dort bei Null angefangen und nach und nach etwas erreicht, du warst schon ein fertiger reifer Künstler. Und dann bist du nach der Perestroika in den Westen gekommen, als man dort jeden mit offenen Armen empfing und begrüßte. Du hast nicht die Erfahrung des Karrieremachens und des Reifens im Westen, du hast im Westen nicht bei Null angefangen, hast keine Wohnung gesucht und kein Atelier gekauft, ohne das Geld zu haben, ohne Arbeit zu haben. Wenn du diese Erfahrung hättest, könntest du sie mit der russischen vergleichen.

K. Ja, vielleicht.

G. Aber das Problem ist, daß wir einfach unsere nationale Zugehörigkeit nicht leugnen können – das erlaubt uns keiner. Weißt du, jetzt sagt das Jura Lejderman, und ich höre das eigentlich von Kind an: »Ich will kein russischer Künstler sein, ich will nicht mit Rußland assoziiert werden, ich will ein internationaler Künstler sein.« Das heißt, in Rußland gibt es den Mythos, es gäbe den russischen nationalen Künstler und das internationale künstlerische Milieu. Wenn wir in den Westen kommen, fangen wir an zu verstehen, daß es anders ist: Jeder westliche Künstler hat seine Nationalität, er weiß das, thematisiert sie, arbeitet damit, hat sie ständig im Kopf. Außerdem sind die kulturellen Institutionen weiterhin national – wirklich internationale kulturelle Institutionen gibt es überhaupt nicht. So ist Stabilität der deutschen Kunst garantiert durch das Interesse des deutschen Staates und der deutschen Institutionen an den deutschen Künstlern. Und darum bin ich skeptisch gegenüber der Bereitschaft und Fähigkeit der westlichen Institutionen, die russische Kunst systematisch zu unterstützen.

Solche Institutionen können nur in Rußland geschaffen und entwickelt werden, und nur der russische Staat kann sich dieses Ziel setzen. Wir müssen allerdings konstatieren, daß derartige kulturelle Institutionen in Rußland nicht einmal im embryonalen Stadium existieren. So daß ich große Zweifel habe bezüglich des weiteren Schicksals der russischen Kunst.

K. Hier sind zwei für mich sehr wichtige Probleme angesprochen. Was das erste betrifft: Ich erinnere mich an unsere Gespräche in den letzten sechs Jahren. Vor sechs Jahren gab es eine ziemlich große Aufmerksamkeit für die »Perestroika«-Kunst und für die damals noch sowjetischen Künstler, die eine riesige Serie von Ausstellungen im Westen gemacht haben. Pessimistisch und skeptisch stimmte uns, daß man uns als sowjetische Künstler zeigte, daß das Interesse davon angeheizt wurde und darauf fußte, daß sie sowjetisch sind. Unsere Gespräche liefen darauf hinaus, daß wenn ein Künstler sich immer weiter entwickelt, immer neue künstlerische Qualitäten gewinnt, immer neue Barrieren überwindet, das mit der schrittweisen und wünschenswerten Weigerung verbunden ist, sowjetisch sein zu wollen.

G. Ich denke, daß wir niemals so eine Position hatten: Gerade im Rahmen der Soz-Art und des Moskauer Konzeptualismus ging es immer um die Ästhetisierung des eigenen kulturellen Kontextes.

K. Ich stimme dir zu, aber ich beschreibe typische Positionen. Es gibt eine Evolution des russischen Künstlers im Westen in drei Phasen. In der ersten nutzt er das Interesse beim westlichen Publikum dafür, daß sich sowjetische Künstler von den Fesseln des Kommunismus befreien usw. Die zweite: Wie werde ich das Sowjetische los, wie werde ich zu einem internationalen Menschen, der die internationale Sprache beherrscht und als künstlerische Persönlichkeit interessiert, mit seinen künstlerischen Problemen, seinem Thema, seiner Sprache, seiner Form? Die dritte Phase in dieser Entwicklung sieht so aus, daß das Bewußtsein des Künstlers zurückkehrt aus der Utopie des Internationalismus – und er das Nationale nicht als Übel begreift, sondern als normale, natürliche Kleidung oder als eine Art Schildkrötenpanzer: Eine Schildkröte ohne Panzer kann überhaupt nicht existieren. Der nationale Panzer ist nicht zu vermeiden – und so existieren wir jetzt auch glücklich.

G. Schon nach der Entstalinisierung der fünfziger Jahre, in den sechziger und siebziger Jahren, gab es die Hoffnung, zu internationalen Künstlern zu werden, und schon in den siebziger Jahren haben du, Komar und Melamid, Bulatow, Prigow und viele andere angefangen, mit dem sowjetischen kulturellen Image zu arbeiten, das ist schon alles klar. Aber es sind alles auf den Westen bezogene Strategien – und was ist mit den eigenen Institutionen und den eigenen Traditionen?

K. Ich denke, es gibt eine Variante, die diese Lage retten kann. Wo? Nicht im Kontext der nationalen Kultur (in dieser Hinsicht habe ich meinen tiefen Pessimismus schon geäußert), sondern im Kontext der europäischen Kunstgeschichte. Ich würde das folgendermaßen formulieren: Es wird nicht die gesamte nationale künstlerische Tradition überleben, sondern »kulturelle Blasen«, die aus unterschiedlichen Gründen nicht zerdrückt wurden im nationalen Mutterleib; sie werden, ohne irgendwelche kulturellen oder sonstigen Folgen, in der Geschichte bestehen bleiben wie isolierte schwebende Ballons. Solche Blasen oder isolierte Strukturen, von denen es eine ganze Menge gibt in der Geschichte des 20. Jahrhunderts – nennen wir zum Beispiel Fluxus –, existieren derartig autonom, daß sie aller Wahrscheinlichkeit nach keine nationale Fürsorge brauchen.

Ein solcher »weißer Zwerg« wurde in Moskau in den siebziger Jahren geschaffen und, zum Erstaunen aller und meiner selbst, fährt er fort, zu existieren und zu produzieren und energetisch nicht zu zerfallen. Vielleicht idealisiere ich die Situation.

G. Vielleicht. Fluxus hatte eine immanente Internationalität. Dort waren von Anfang an Japaner, Chinesen, Koreaner, Litauer, Amerikaner, Engländer, Franzosen, Deutsche usw. dabei. Dasselbe gilt für Dada oder den Surrealismus. In Rußland haben wir dieses Phänomen nicht. Der Moskauer Konzeptualismus, ungeachtet der potentiellen Universalität seiner Methode, verfügt nicht über diese immanente Internationalität.

K. Und trotzdem: So wie man sagen kann, daß ein Auto vier Räder hat, weil das eine Eigenschaft von Autos ist, und nicht darum, weil es französisch oder englisch ist, genauso kann man sagen, daß in Noma oder dem Moskauer Konzeptualismus dieses Moment in der ursprünglichen Außenposition gegenüber der eigenen Kultur besteht, das heißt ein rein formales, technisches Moment. Hier gibt es das, was es in allen interessanten künstlerischen Gruppen gibt – sich nur dem zu widmen, was der Kern einer Sache ist. In der Fluxus-Bewegung gibt es dieses Prinzip auch. Ich denke, daß die Basis der Wirkung dieser Gruppen eine von ihnen gefundene Methode ist, die alle Aktionen dieser Gemeinschaft durchdringt und färbt. In der Fluxus-Kunst ist das zweifellos die Überzeugung, daß jede Lebensäußerung ein künstlerischer Akt ist.

Eine ähnlich radikale Lösung existiert in der gesamten Tätigkeit von Noma. In angenehmer Gesellschaft am Tisch zu sitzen und über ein beliebiges Thema zu reden ohne Angst vor den Folgen, wird von diesem Publikum plötzlich als ästhetische Handlung verstanden und als solche festgehalten. Das ist noch radikaler als bei Fluxus, wo doch eine ganze Reihe künstlerischer Aktionen durchgeführt wurde – der eine hängte sich unter die Decke, ein anderer schlug mit dem Hämmerchen. Soweit zu gehen, gar nichts zu tun, einfach am Tisch zu sitzen und sich zu unterhalten – das ist eine ziemlich radikale Lösung.

G. Aber von seinem Material her und in seiner Ideologie ist der Moskauer Konzeptualismus oder Noma ziemlich idiosynkratisch und in sich abgeschlossen. Jedenfalls sagen alle westlichen Kunsthistoriker und Galeristen, die ich getroffen habe, daß sie ihn nicht verstehen, daß er etwas Fernes, ihnen Fremdes ist. Und ich sage ihnen oft, daß sie da auch etwas naiv sind, weil etwa die New Yorker Kunst noch idiosynkratischer ist als der Moskauer Konzeptualismus, nur kennt man das New Yorker Leben ziemlich gut, und darum wird sie schnell erfaßt, und das russische Leben kennt man noch nicht.

K. Aber zum Beispiel das Thema des bloßen Herumsitzens, das fundamental ist in Noma, oder der Faulheit – es gewinnt immer stärker auch internationalen Charakter: in der Mode, auf dem Sofa zu liegen und gar nichts zu tun.

G. Wie siehst du Noma oder den Moskauer Konzeptualismus heute, das heißt nach vielen Jahren Leben im Westen?

K. Noma ist allem entgegengesetzt – das ist eine Betrachtung der Kultur von außerhalb. Ich denke, daß im Westen eine derartige entrückte Beziehung zur Kultur einfach unmöglich ist – aus dem einfachen Grund, weil der gesamte Kampf gegen die Kultur hier innerhalb der Kultur selbst ausgefochten wird. Nur Noma beschäftigt sich – kraft historischer Umstände – mit der Manipulation der äußeren Seite der Kultur. Alle Vertreter von Noma, das sind solche Beobachter, die, wie die berühmten Weisen, unterschiedliche Teile des Elefanten berühren, und dieser Elefant ist die Kultur. Die Technologie, die Noma verwendet – das ist die Technologie der äußerlichen Betrachtung der Kultur, man kann sagen einer »oszillierenden« Beziehung zur Kultur. Noma hat eine Methode des Austritts aus der Zone der Kultur und des Wieder-in-sie-Eintretens gefunden. Noma prüft jedes Phänomen der

Kunst im Kontext der Kultur als ganzer, begriffen als fremdes und zu überwachendes Objekt.

Soweit ich sehe, kann auch die westliche Postmoderne, ungeachtet aller Relativierung der Kultur, auf ein sehr wichtiges Moment nicht verzichten – auf das Produkt, das am Ende bleibt. Man kann sagen, daß sich die Vertreter der westlichen Kultur, aus einer Position innerhalb der Kultur, am eigenen Produkt orientieren und absolut nicht interessiert sind an einem Verzicht auf dieses Produkt.

G. Aber du stellst ja auch ein Produkt her – deine Installationen!

K. Da gibt es einen sehr interessanten Unterschied. Ich würde hier auf Pepperschtejn verweisen: In Noma hat der Begriff des »problematischen Produkts« eine besondere Entwicklung durchgemacht. Im Westen gibt es, so scheint mir, den Fetisch Produkt. Letztlich, wie komplex und konzeptionell es auch sein mag, ist seine Basis seine Unzerlegbarkeit, der Glaube an seine Qualitäten, an seine Solidität und Realität – das ist wichtig.

Auf meine Installationen kann man nur in dem Sinne verweisen, daß das riesige Ungeheuer sind, wenn man sie anpustet – dann ist nichts mehr da. Sie werden runzlig und sind verschwunden. Diese Abwesenheit großer Anwesenheiten, glaube ich, hat auf alle gewirkt, die dort drin waren. Irgendwelche riesigen Städte – und in Wirklichkeit kann man sie mit einem Augenzwinkern abreißen. In Wirklichkeit ist einfach gar nichts da. Sie verschwinden vor den Augen wie Phantome: einmal kichern – und sie sind verschwunden, obwohl sie äußerlich da sind. Ich glaube, in Noma haben wir die endgültige und unumkehrbare Vernichtung jedes Produkts. Und die völlige Wortlosigkeit.

G. Wortlosigkeit? Obwohl alle reden?

K. Das ist es ja. Noma stellt ein gigantisches Textmeer dar. Warum? Damit es nichts gibt, muß man viel reden. Damit es kein einziges Bild gibt, muß man fünfhundert malen. Damit es nicht einen Bildband gibt, muß es eintausendzweihundert geben. Das ist jenes bemerkenswerte Spiel mit der Quantität, die niemals in irgendeine Qualität umschlägt, außer der Qualität der Leere – aber dazu muß sie groß sein. Übrigens, darin liegt die Grundlage der Produktivität Nomas. Wenn es eine kleine Menge von Produkten gäbe, bestünde der Verdacht, daß sie hergestellt werden, aber weil es ein riesiger Haufen ist und ein ununterbrochenes Produzieren, entsteht die tiefe Überzeugung, daß in Wirklichkeit gar nichts da ist.

G. Naja, in Rußland nannte man das die Ästhetik des »Kuckucks in der Tasche«. Wer den Kuckuck in der Tasche hält, weiß, daß der Kuckuck da ist, aber der andere, der sich mit ihm unterhält, der das nicht weiß, lebt sein ganzes Leben lang ruhig und ist in keiner Weise geschädigt.

K. Ja, und es entsteht eine sehr sonderbare Beziehung zwischen diesem Kuckuck und dem Menschen, der nichts von ihm weiß: In dem Augenblick, wo dieser Kuckuck entdeckt wird, gewinnt er eine eigene Realität, – und je mehr man ihn für eine Realität hält, um so realer und gefährlicher wird er. Ich muß sagen, daß das in gewissem Sinne auch das Modell der Beziehungen zwischen dem Westen und Rußland ist: Je mehr der Westen die Gefahren, die von Rußland ausgehen, materialisiert, um so massiver wird es selbst, es vergegenständlicht sich und wird bedrohlich. Das ist ein schrecklicher Prozeß. Je weniger Aufmerksamkeit der Westen Rußland schenkt, um so mehr verschwindet es – und es ist, als wäre es gar nicht da. Diese Wechselbeziehungen sind besonders gut beschrieben in Gogols *Nase* oder bei Dostojewski im *Gespräch Iwan Karamasows mit dem Teufel*: Die Fixierung von was auch immer verleiht diesem sofort Materialität – und zwar bis an die gefährlichsten Grenzen, so weit, daß es einfach zum Tod dessen wird, der es fixiert.

G. Du meinst also, daß Rußland einfach ein Gespenst ist, daß es in Wirklichkeit nicht existiert? Rußland ist nichts als die Angst vor Rußland?

K. Ja. Wir haben einmal über das Phänomen der Angst und die Produktivität der Angst gesprochen. Tatsächlich: Solange du Angst hast, hast du ein Motiv zur Materialisierung der eigenen Phantasien, so daß sie abgeführt werden können in Gestalt von Zeichnungen, Installationen usw. Aber wenn du dich nicht fürchtest, dann gibt es keinen Grund, überhaupt an etwas zu denken.

G. Heißt das also, daß du innerlich noch immer in Rußland lebst, wenn du weiterhin deine Ängste in deiner Kunst materialisierst?

K. Natürlich. Wichtig ist, daß die Ängste noch da sind. Alles ist verschwunden, aber die Angst ist nicht verschwunden, und sie ist weiterhin produktiv.

(Übers. von Gabriele Leupold)

Das nicht aufgehängte Bild

K. Wir sprechen jetzt von der Installation, die im Kölner Museum Ludwig unter dem Titel *Das nicht aufgehängte Bild* aufgestellt ist. Es geht hier um einen sowjetischen Raum, der kaum für Ausstellungen geeignet ist. Man versteht nicht einmal, wozu ein solcher Raum mit schäbigen Wänden, einer Glühbirne usw. überhaupt gut sein kann. Und trotzdem werden hier Bilder aufgehängt. Also, die Situation ist schon zweideutig und irreführend. Rot gestrichener Holzfußboden, Wände wie in einem Keller ... An der rechten Wand lehnt ein Bild. Hier und da liegt sogar ein Werkzeug herum: ein Hammer, eine Säge ... Das ist auch schon alles. An den anderen drei Wänden sieht man Kommentare von verschiedenen Leuten, die sich zum Geschehen in diesem Raum und zu diesem Bild äußern, etwa, ob es nun aufgehängt wird oder nicht.

Aus dem Charakter dieser Schriften und der ganzen Ausstattung wird bereits klar, daß sie zum selben Kontext gehören wie das Bild. Die Leute, die sie geschrieben haben, kommen aus derselben Welt wie der Maler des Bildes, wie die Handwerker, die es aufhängen werden, und jene, für die es aufgehängt wird. Die Installation wirkt also total und einheitlich. Doch dadurch, daß es Kommentare gibt, entsteht eine gewisse Distanz. Ja, sie erwecken sogar den Eindruck, als wären sie Reaktionen der von außen gekommenen Besucher.

Diese Texte haben eine doppelte Bedeutung: Einerseits thematisieren sie das »Nicht Aufgehängte« des Bildes aus der Perspektive des erstaunten Besuchers; andererseits beziehen sie sich auf den Raum selbst. Daraus entsteht ein gewisser Zwiespalt. Aber am wichtigsten ist, daß man nicht so recht weiß, ob das Bild schon abgenommen ist oder erst aufgehängt werden soll. Alles hat etwas Unfertiges, etwas von einer abgebrochenen Handlung an sich ... Das Ganze versinnbildlicht das Unvollendete und seine unabschätzbaren Folgen. Natürlich bleibt auch unklar, ob der Besucher darauf reagieren soll oder ob seine Reaktion gar nicht erwartet wird. Wir befinden uns in einem Raum zusammen mit einem anderen, der zwar ein gewisses Interesse zeigt, aber nicht versteht, warum etwas nicht zu Ende geführt, nicht vollendet wird. Doch was geht uns eigentlich der Besucher an, der sich für dergleichen interessiert?

Wie wird ein Mensch reagieren, wenn er dieses finstere und feuchte Loch betritt? Letztlich wird er allein das Bild wahrnehmen, denn die aufgehängten Zeichnungen und Texte eignen sich eigentlich nicht für eine Betrachtung, es sei denn, man glaubt, sie gehörten zu einem Konzept, das ohnehin langweilig ist und wo es nichts zu sehen gibt.

Also kommt alles wieder auf das Bild an, zu dem man sich äußern muß. Sein Thema ist auch nicht das »Nicht Aufgehängte«, denn es gehört irgendwie in den Bereich des Unsinnigen. Wenn der Besucher alles außer acht läßt, was an der Situation unklar oder idiotisch erscheint, starrt er nur noch auf das Bild und versucht zu begreifen, was es eigentlich aussagt, zumal es tatsächlich so etwas wie ein Bild ist: Es besteht aus zahlreichen hingepinselten Details. Erstens ist es offensichtlich kein modernes Bild, denn alles ist sorgfältig ausgemalt. Was kann ein sorgfältig ausgemaltes Bild in einem Museum zeitgenössischer Kunst aussagen, wo alles nur farbiges Geschmiere und Gekleckse ist und jede ordentliche Zeichnung fehlt? Es ist offenbar ein Fremdkörper, der in dieser Welt der Kunst nicht einzuordnen ist und keinen Anspruch auf Kunst erheben darf. Das wissen wir bereits: Ins Museum gehört nicht die Zeichnung unseres Onkels, der zum Beispiel einen Hirsch dargestellt hat. Die Zeichnung des Onkels paßt einfach nicht ins Museum. Dasselbe gilt natürlich auch für jenes nicht aufgehängte Bild, es ist ja offensichtlich. Es verweist uns wieder auf eine un- oder irrsinnige Erzählung. Wir ahnen es bereits: Man will uns hereinlegen, man will uns irgendeine Erzählung vorgaukeln, die im Grunde völlig uninteressant ist. Der Anlaß dieser Erzählung ist freilich ebenso uninteressant. So sind wir gleichsam gefangen in einer geschlossenen Spirale, wo man uns an der Nase herumführt und wir nicht mehr ein noch aus wissen. Der eine sagt: »Nein, geh zu dem da, der wird dir alles erzählen«, der andere dagegen: »Wieso bist du zu mir gekommen? Der dort hat doch das ganze Geld.« Der Besucher gerät in einen Teufelskreis, in eine Pattsituation.

G. Als ich die Installation betrachtete und die Texte las, war mein erster Eindruck: Die Besucher, die dort hereinkommen, sind alle vom gleichen Schlag. Es waren keine zufälligen Besucher, sondern schon bestimmte Typen ...

K. Wieso? Es konnten doch alle durch die Tür eintreten.

G. Aber nicht alle konnten diese Tür finden. Zum Beispiel habe ich sie erst nicht gefunden. Ich kam eigentlich, um ...

K. War die Tür geschlossen oder nicht?

G. Die Tür war geschlossen. Dabei habe ich sie gar nicht erwartet, weil unmittelbar daneben Künstler eines absolut anderen Typs ausgestellt sind. Theoretisch habe ich mir natürlich vorgestellt, daß diese Installation mit den anderen russischen Künstlern verbunden sein wird, die im Museum Ludwig vertreten sind. Aber eine solche Verbindung gab es nicht. Die ganze Hängung demonstrierte die westliche Kunstgeschichte des 20. Jahrhunderts, und ich folgte ihr. Meine Frau Natascha hat der Hängung hingegen weniger Aufmerksamkeit geschenkt als ich, sie wußte nur, daß es irgendwo eine Tür und dahinter deine Installation geben soll. So war es dann auch. Sie ging dorthin, wo ich nie hingegangen wäre, dann öffnete sie eine Tür, und dort war tatsächlich deine Installation.

K. Entschuldige, daß ich dich unterbreche. War die Tür fest geschlossen? Hast du keinen Ausgang gesehen, als du drin warst?

G. Als wir reingingen, ließen wir die Tür halb offenstehen. Ich will nur sagen, daß ich dieses Zimmer nicht ge-

Installation »Das nicht aufgehängte Bild«. Die Wand mit den Kommentaren. Museum Ludwig, Köln 1992

Die Treppe und das Bild »Abramtsewo«

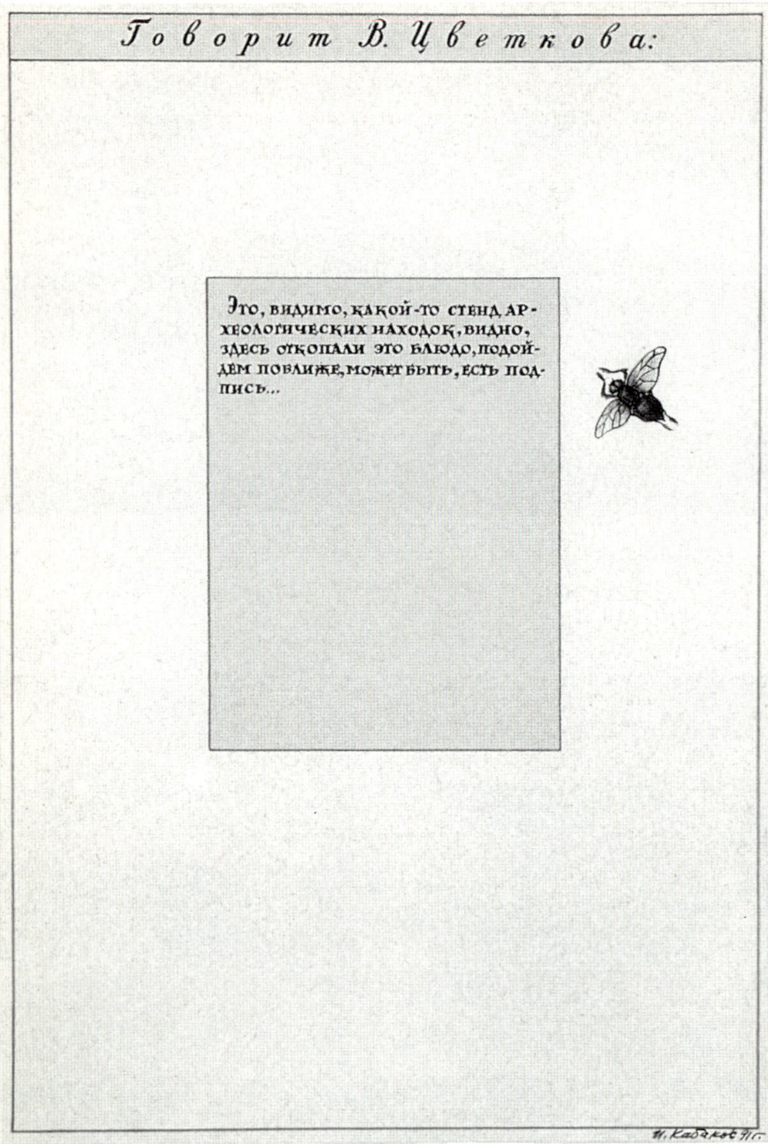

Ein Blatt mit dem Kommentar

Ausgang aus der Installation

Fragment

Die Wand mit der Ausgangstür

funden hätte, weil ich einer gewissen Logik der Kunstgeschichte folgte, so wie ich sie mir vorstelle. Ehrlich gesagt, ließ mich diese Logik ein Zimmer wie deines nicht erwarten. Ich glaube, daß die Leute, die dort reinkommen, etwas seltsam sind. Das Museum war gut besucht, aber solange ich im Raum mit deiner Installation stand, kamen nur wenige Leute herein. Und diese wenigen waren alle etwas seltsam. Manche trugen zum Beispiel Rucksäcke, was schon einiges aussagt.

Jemand, der mit einem Rucksack ins Museum geht, ist auch in seiner Wahrnehmung so etwas wie ein Wanderer. Es waren Leute mit einem Reise- oder Wanderungshabitus; man sah, wie gerne sie schwer erreichbare Felsen erklimmen und in Höhlen kriechen. Und da sie schon eine bestimmte Sorte von Mensch waren, führten sie sich auch entsprechend auf. Es ist mir aufgefallen, daß fast jeder der wenigen Besucher in diesem Raum auf die gleiche Weise agierte. Auf dem Fußboden waren einzelne Müllbrocken befestigt. Die erste Reaktion dieser Menschen bestand darin, daß sie mit aller Kraft versuchten, diese Brocken mit den Füßen vom Fußboden abzuschlagen und sie aus der Mitte in die Zimmerecken zu schleudern. Das schafften sie nicht. Dann versuchten sie es erneut, mit kräftigen Fußschlägen, einen Müllbrocken abzubrechen und wegzuwerfen. Das ging aber wieder nicht. Nun betrachteten sie diesen Müllbrocken aufmerksam und vergewisserten sich, daß er eigens befestigt worden war. Erst dann hoben sie die Augen vom Fußboden und sahen sich im Zimmer um.

Interessant ist die Rolle des Zentrums. Die Menschen betraten den Raum, und das erste, worauf sie aufmerksam wurden, war seine Mitte und die Unordnung dort. Da sie keine Ordnung wiederherstellen konnten, waren sie frustriert, was zur Folge hatte, daß sie sich nun umschauten.

K. Aber nicht umgekehrt ...

G. Aber nicht umgekehrt. Das war das erste interessante Experiment. Das zweite Experiment war das mit den

Texten. Keiner von diesen Leuten hat sie gelesen, das muß man schon sagen. Sie schauten sich das Bild und die Müllbrocken an. Die Texte haben allein Natascha und ich gelesen; die anderen traten erst hinzu, als wir vor ihnen standen. Doch nach der Lektüre von ein, zwei Texten gingen sie schon wieder. Offenbar sind sie gewissermaßen einem Instinkt gefolgt und haben uns imitiert. Daß sie die Texte nicht gelesen haben, finde ich durchaus bemerkenswert. Ich habe das Gefühl, daß du dir für deine Arbeiten selbst dein Publikum schaffst. Aus den Texten sprechen gleichsam von dir erschaffene Zuschauer, die sich deine Arbeit ansehen.

Das Problem ist folgendes: Kompensiert die Strategie dieser Installation – wie deiner Installationen überhaupt – vielleicht die Tatsache, daß es kein Publikum dafür gibt? Die Kunst der Gegenwart geht davon aus, daß ihr das Publikum fehlt, und das willst du ausgleichen.

K. Aber mein Augenmerk richtet sich gerade auf ein imaginäres Publikum, auf einen imaginären Betrachter!

G. Ich denke nun, daß du den Betrachter nicht voraussetzt, sondern erst schaffst.

K. Heißt das, es gibt eigentlich keinen Betrachter?

G. Ja. Du schaffst einen Betrachter, weil du im Grunde keinen hast; und du glaubst selbst nicht, daß er existiert, daß er real ist.

K. Halt! Jeder Maler schafft aus sich heraus doch einen Betrachter. Nehmen wir an, ich sage: Die Kombination von bestimmten Objekten mit einem bestimmten Licht, die ich jetzt aufstelle, erinnert mich an die Reisen des Odysseus. Folglich stelle ich diese Kombination so auf, daß auch der, der das Ganze dann sehen wird, es mit Odysseus assoziiert. Also mache ich es folgendermaßen: Wenn ich bei einer bestimmten Farbkombination, einem bestimmten Licht usw. Odysseus assoziiere, glaube ich vielleicht zu naiv, daß das Resultat meiner Arbeit automatisch dieselbe Assoziation beim Publikum auslösen wird. Aber das kann natürlich auch anders sein.

G. Eben, du gehst nämlich davon aus, daß die Assoziationen nie übereinstimmen werden. Die anderen Maler gehen tatsächlich von einer Übereinstimmung aus, du aber nicht.

K. Wieso nicht?

G. Weil du diese Assoziation bereits explizit formulierst, was bedeutet, daß du der Intuition der Betrachter nicht vertraust.

Ein anderer Maler, wie etwa Kandinsky, schafft zum Beispiel eine Farbkomposition und sagt: »Diese Farbkomposition stellt Traurigkeit dar.« Und wenn er diese Zusammenstellung von Farben dann ausstellt, geht er davon aus, daß jeder Betrachter, der sie sieht, auch Traurigkeit empfinden wird, sofern er sensibel genug und kein Banause ist.

Was aber machst du? Du schaffst diese Farbkomposition, die Traurigkeit ausdrückt, und schreibst dazu: »Diese Farbkomposition drückt Traurigkeit aus.« Und du fügst noch die Bemerkung eines imaginären Betrachters hinzu: »Vielleicht ist es gar nicht Traurigkeit, sondern nur eine idiotische Kombination von Farben?« Warum schreibst du alle möglichen Reaktionen schon zuvor auf? Weil du nicht glaubst, daß ein realer Betrachter so reagieren kann. Und dieses Mißtrauen gleichst du aus, indem du dem potentiellen Betrachter vorschreibst, wie er darauf reagieren könnte oder sollte, sofern er überhaupt zu reagieren vermag.

K. Das ist alles sehr fein; doch es stimmt und stimmt auch wieder nicht, weil ich denke, daß der Betrachter doch denken und fühlen kann. Und wenn er Traurigkeit empfindet, denkt er: »Wieso empfinde ich Traurigkeit?« Und er will in seiner Reflexion genauso wie ich weitergehen, denn ich empfinde zwar Traurigkeit angesichts dieser Farben, aber ich frage mich: »Wie fühle ich mich in dieser Traurigkeit?« – Traurig oder fröhlich? Es geht um das Problem der »nachträglichen« Reaktion, das heißt, meine Reaktion begreife ich immer als Reaktion auf etwas. Und ich denke, daß der Betrachter das gleiche empfindet.

G. Nein, natürlich nicht. Und ich erkläre dir, weshalb. Du siehst das Bild und sagst: »Ich empfinde Traurigkeit.« Und du schreibst: »Ich empfinde Traurigkeit.« Dann sagst du, es sei nur eine Zusammenstellung von Farben. Dann hängst du alles an die Wand und kannst diese Texte in beliebiger Reihenfolge lesen. »Das ist nur eine idiotische Kombination von Farben« oder »Das stellt Traurigkeit dar« usw. Es gibt hier weder eine dialektische psychologische Entwicklung noch eine Reflexion, sondern es handelt sich lediglich um einen Katalog von möglichen Reaktionen der Betrachter, die in Wirklichkeit natürlich viel differenzierter sind (selbst die negativen), als du sie de facto erwartest. Das heißt, du schaffst dir selbst die Charaktere der Betrachter: den Sensiblen, den Banausen, den Kritischen und andere. Aber du schaffst sie dir, weil du in Wirklichkeit keinen Betrachter hast. Der Betrachter ist nur dein Alter ego. Deswegen brauchst du den wirklichen Betrachter, der den Raum der Installation betritt, gar nicht.

K. Wieso? Inwiefern brauche ich ihn nicht? Ich kann ja gar nicht ohne ihn arbeiten. Ich brauche ihn als jemanden, den ich erwarte. »Ich brauche ein Publikum« heißt: ich denke, daß es ein Publikum geben wird, das all das liest und sich durch den Kopf gehen läßt. Ist das Schwindel?

G. Natürlich ist das Schwindel. Sieh mal, wie es geht: Du machst deine Arbeiten wie Komödien in Hollywood: In Augenblicken, welche die Autoren für passend halten, sind bereits Ausrufe, Lachen und Beifall aus dem Zuschauerraum vorgesehen. Worin besteht der Sinn eines solchen Verfahrens? Wieso integrieren sie die Publikumsreaktion von vornherein in den Film?

K. Weil sie der normalen Reaktion mißtrauen?

G. Die klassische Theorie besagt, daß das Lachen das

Publikum anstecken und es zusätzlich stimulieren wird. Dies ist längst widerlegt, denn das Publikum wird nicht angesteckt, sondern vielmehr entmutigt. Es gibt eine andere, etwas subtilere Theorie, die besagt, daß das Zuschauen intensiver wird, wenn der Zuschauer vom Zwang zu reagieren befreit ist. Auf diese Weise vollzieht sich die Enteignung der Funktionen des Publikums, wobei diese Funktionen allmählich vom Kunstwerk selbst übernommen werden. Letztlich wird das Publikum als solches ganz entmündigt und gleicht einem Menschen, der in einem Studio für Bodybuilding sitzt.

Ich würde deine Installationen hinsichtlich ihrer Funktion mit einem Studio für Bodybuilding vergleichen. Dessen Funktion besteht darin, daß man darin liegt und kein einziges seiner Glieder mehr bewegt. Man legt sich einfach hin, drückt einen Knopf, die Maschine springt an und traktiert verschiedene Körperteile. Diese Belastung simuliert eine Aktivität, ist aber keine. Genauso funktionieren deine Installationen. Sie vollziehen kein Bodybuilding, sondern ein Psychobuilding: Ein Betrachter wird in eine psychologische Einrichtung, eine psychologische Situation hineinversetzt und darin regelrecht traktiert. Du gehst davon aus, daß der Betrachter damit einverstanden ist. Aber woraus kannst du das schließen? Es gibt dafür keine Anhaltspunkte. Aber sie werden auch nicht gebraucht: weder von dir noch von den anderen. Jene Leute mit Rucksäcken, die sich hierher verlaufen haben, bilden eigentlich für dich das ideale Publikum. Diese Museumsbesucher wollen lediglich dahin, wo sie noch nie gewesen sind. Sie haben im Grunde weder Erwartungen noch Absichten: Sie sind nur Herumtreiber, Menschen ohne Namen, ohne Anteilnahme, ohne Verständnis, jeder für sich allein. Und wenn sie in eine Einrichtung hineingeraten, schreibt sie ihnen etwas vor: Ihr habt an dem und dem teil und müßt das und das verstehen usw.

K. Du hast nun ein Horrorbild entworfen, aber ich

sehe natürlich, daß es auch zutrifft. Es bleibt nur zu verstehen, was den Künstler dazu treibt.

G. Ach, jeder Künstler kompensiert immer das, was fehlt. Er arbeitet nie an einem Ort, den es bereits gibt. Es ist ja klar, was der heutigen Kunst fehlt – das Publikum. Alles Übrige gibt es.

K. Aber die Museen sind gut besucht.

G. Ja, aber es gibt kein Publikum.

K. Vielleicht sollten wir wieder auf ein klassisches Beschreibungsschema zurückgreifen. Ich denke, daß unsere Erörterung von vornherein einen Haken hatte, weshalb wir auch zu solchen entsetzlichen und hoffnungslosen Schlußfolgerungen gekommen sind. Laß uns die Wechselbeziehung von Publikum und Werk unter einem ziemlich verbreiteten Gesichtspunkt sehen: Es gibt also ein kompetentes und ein dilettierendes Publikum. Diese Beziehung hat eine sehr lange Tradition. Vor allem bei den Romantikern besteht sie darin, daß der Autor zwei Handlungen entwickelt, die spannungsgleich und parallel verlaufen. Einerseits verläuft die Handlung in bekannten Bahnen; andererseits gibt es Seitenstränge, die nur einem kompetenten und eingeweihten Betrachter zugänglich sind.

Die *Lebensansichten des Katers Murr* sind vielleicht das beste Beispiel für eine solche Strategie. Der Text wird aus zwei Perspektiven zugleich erzählt. Nehmen wir mal an, daß ein alberner Text (»Haben Sie Marija Petrowna gesehen? Sie ist erst gestern vom Zug überfahren worden.«) von einem Einfältigen gelesen wird, der dann glaubt, daß es tatsächlich eine gewisse Marija Petrowna gibt. Er geht davon aus, daß der Künstler ihn nie betrügt, und denkt sich: »Wo ist denn diese Marija Petrowna? Warum habe ich nie von ihr gehört?« usw. Es wird also eine Situation simuliert, über die man im Bilde sein muß. Wer nicht im Bilde ist, ist selber schuld und muß sich neue Informationen beschaffen.

Vom Standpunkt des eingeweihten Betrachters sieht

dieses Problem anders aus. »Eingeweiht« heißt hier nur »nicht einfältig«. Der Betrachter muß keine weiteren Qualifikationen haben – um Himmels willen bloß kein Philosoph oder dergleichen. Hauptsache, er ist nicht zu naiv. Das heißt, sein Wissen über die Welt braucht nicht unbedingt subtil zu sein, aber es ist bereits negativ geladen. Er verhält sich vorerst ablehnend. Das bedeutet nicht, daß er schon etwas mehr weiß, aber er versteht, daß da nicht von ungefähr »Marija Petrowna« geschrieben steht. Er denkt: »Ich bin doch kein Dummkopf, der glaubt, alles sei so einfach.« So kommen wir in einen Raum, der sich hinter »Marija Petrowna« verbirgt. Er ist leer, aber er ist für ein potentielles Wissen da, das ihn erfüllen könnte.

In diesem Fall ist »potentielles Wissen« zu verstehen als ein weites Feld, das sich über den Bereich der »Einfalt« hinaus erstreckt. Die Gesamtkonstruktion sieht dann so aus: Die ganze Welt ist voller Einfalt; wer jedoch nicht einfältig ist, gerät in eine traurige und tragische Lage, denn sein potentielles Wissen treibt ihn über das Feld der Einfalt hinaus, wofür es in dieser Welt eigentlich keinen Platz gibt. Nicht einmal ein Bild sagt dir etwas darüber, was sich hinter der Welt der Einfalt befindet. Daher mußt du dich damit abfinden, daß du lediglich »potentiell weißt«.

G. Für mich ist jetzt aber wichtig, wie du deine beiden Betrachter, den potentiell wissenden und den einfältigen, innerhalb deines Werks modellierst. Dabei entsteht ein interessantes Problem: Wie soll ein Betrachter auf das künstliche Modell seiner selbst reagieren? Eben darauf beruht ja die Eigenart deiner Installationen, daß du nämlich bereits damit spekulierst, wie ein potentieller Betrachter sich darin selbst erfährt. Gewöhnlich findet das Publikum in einem Werk nur das Modell des Künstlers vor und weiß, wie es damit umgehen soll. Aber es ist schwierig, sich mit dem Modell seiner selbst auseinanderzusetzen. Wenn nun aber der Betrachter sieht, daß seine Reaktionen bereits der Künstler selbst übernommen hat, ihm die Arbeit des Reagierens somit abgenommen ist, empfindet er Erleichterung.

K. Weil er etwa nur zu wiederholen braucht, was der Künstler schon gesagt hat?

G. Nein, weil er überhaupt nichts zu sagen braucht. Eigentlich weiß der Betrachter nie, wie er reagieren soll. Aber er will nicht dumm dastehen. Daher denke ich, daß deine »Ersatzreaktionen« den Betrachter beruhigen, indem sie ihn von der Notwendigkeit und der Angst vor der ersten Reaktion befreien. Darin sehe ich eine ihrer Funktionen.

Die andere besteht in einer neuen Gefahr, die diese Befreiung für den Betrachter mit sich bringt. Ich meine die Banalisierung, die dadurch entsteht, daß der Künstler bereits alle Urteile des Betrachters vorausgesehen hat. Was einerseits als Befreiung empfunden wird, erweist sich andererseits als Terror. Der Betrachter braucht nichts mehr zu sagen, aber er kann eigentlich auch nichts mehr sagen, denn der Künstler hat bereits alles gesagt und alle Reaktionen vorweggenommen. So wird jede Replik des Betrachters in bezug auf das künstlerische Projekt trivial.

K. Halt. Da stimmt etwas nicht. Kann denn dadurch ein realer, nicht modellierter Betrachter nicht mehr spontan reagieren? Wir haben bei allem Gesagten seine Fertigkeiten, Kompetenzen und Kenntnisse nicht miteinbezogen. Der Betrachter kann freilich auch eine Metaposition gegenüber dem Künstler einnehmen, falls er ihn nicht für ein Genie hält, versteht sich.

G. Der Betrachter bekommt natürlich diese Chance, aber wohl auf eine andere Weise. Er sagt zum Beispiel: »Aha, und das nennt sich also Konzeptualismus.« Auf dieser Ebene des Reagierens bedarf der Betrachter kaum einer intellektuellen Anstrengung. Wenn er aber auf der Ebene bleibt, die der Künstler ihm bereits anbietet, wird er gewiß verlieren. Aber nichts zwingt ihn dazu, und es gibt einen ganz einfachen Weg, den Künstler zu besiegen. Es reicht schon, wenn der Betrachter nur sagt, daß es sich hier um einen neuen »Text« und um ein »Zeichensystem« handelt. Und dann sagt er: »Ach, diesen Konzeptualismus habe ich schon mal gesehen. Letztes Jahr war da irgendwo etwas Ähnliches ausgestellt.« Er liest also nicht und dringt nicht ins Werk ein. Er sieht nur einen Text als System von Zeichen.

K. Das kenne ich auch von mir. Wenn ich Oswald Wiener oder so jemanden lese, denke ich von Anfang an: »Scher dich zum Teufel!«

G. Eben: »Das habe ich schon gelesen.« Das heißt, du fängst nicht einmal an, mit dem Autor auf seinem eigenen Feld zu wetteifern, sondern du verläßt dieses Feld und sagst dabei: »Das sind bloß lauter Tricks, und die kenne ich, also nichts Neues unter der Sonne.«

K. Na gut. Aber dabei gerät das dritte Glied der Gleichung in Gefahr. Wenn es kein Publikum und eigentlich auch kein Kunstwerk mehr gibt, wo ist dann der Platz des Künstlers, und welche Funktion hat er noch? Ich glaube, daß all diese Negationen auch das dritte Glied der Gleichung in Frage stellen.

G. Nein, ich denke, der Künstler hat durchaus einen Platz: Er befindet sich im leeren Intervall zwischen dem Publikum und dem Kunstwerk. Der Künstler schafft ein Kommunikationsfeld zwischen dem Publikum und dem Objekt: Heute steht er vor dem Kunstwerk, nicht mehr dahinter, wie es früher galt. In diesem Sinne hat er immer noch die traditionelle Rolle eines Demiurgen, denn durch seine Interpretation verändert er den Sinn der Dinge.

K. Überhaupt ändert sich die Rolle des Künstlers wohl weniger, als wir annehmen.

G. Oder vielleicht ändert sie sich gar nicht.

(Übers. von Irena Belikowa)

Der Rote Pavillon

K. Laß uns über die letzte Biennale in Venedig sprechen und dabei unsere übliche Strategie etwas ändern. Denn wie du weißt, habe ich schon ein paarmal lange Erzählungen angefangen, als wäre ich so etwas wie ein sowjetischer Animateur. Vielleicht sollten wir so verfahren, daß du den Ton angibst, Fragen stellst und sozusagen die Themen vorgibst, aber natürlich könnte auch ich beginnen.

G. Ich bin durchaus kein Gegner von Innovationen, aber ich bin dagegen.

K. Das kann ein böses Ende nehmen.

G. In der Tat, im Restaurant bestelle ich immer das gleiche Gericht.

K. Ich befürchte ständig, daß es schlechter wird ...

G. Und überhaupt, besser den Spatz in der Hand, als die Taube auf dem Dach.

K. Wie immer fange ich also mit dem Wichtigsten an. Was war in Venedig meine Absicht? Vor allem wollte ich natürlich – wie sonst auch – »beeindrucken«; daraus mache ich kein Geheimnis. Zugegeben, ich mußte Eindruck schinden, was auf einem Festival von solchem Rang wie der Biennale mit ihrer unfaßbaren Vielfalt außergewöhnlich schwierig ist. In jedem Pavillon muß es irgendeine Attraktion fürs Publikum geben, etwas, das betrachtet wird und Anklang findet. Es geht dabei nicht um die Rivalität mit anderen hier vertretenen wunderbaren Werken und hervorragenden Künstlern: das wäre unmöglich und absurd. Es handelt sich eher um den Einklang mit der Atmosphäre dieses Festivals, die einen Besucher umfängt.

Wir wissen ja, daß bei diesen reichen, repräsentativen und begehrten Festivals die eigentliche Attraktion nicht in den Inhalten liegt. Das ist wie bei einer Fête: Ihren Anlaß vergißt man praktisch sehr schnell, da sie schon an und für sich interessant ist.

In unserem Fall haben wir es mit einem klassischen

Festival zu tun, bei dem die Leute vielerlei genießen können: einen schönen sonnigen Tag, die besondere Atmosphäre von Venedig, einen herrlichen, schattigen Park und auch den Umstand, sich hier treffen zu können. In Scharen gehen sie durchs Gelände und staunen bloß darüber, daß jeder zweite ein Bekannter oder eine Berühmtheit ist. Das allein ist schon aufregend, und deswegen befinden sich die Menschen hier geradezu in Exaltation.

Das Betreten eines Pavillons gehört nun zum rituellen Bereich. In Wirklichkeit besteht das Ziel des Ganzen darin, Bekannte zu sehen und selbst gesehen zu werden. Von vornherein ist die Atmosphäre eines solchen Festivals – zumal in Venedig – das absolute Dolcefarniente. Das macht den krassen Gegensatz zur »documenta« aus, die zweideutig und ziemlich streng (ja düster und trostlos) anmutet; dort jagt man regelrecht nach dem Außergewöhnlichen. »Ich will einen Hit! ...« – das heißt, daß dort alle mit dem konkreten Anliegen angereist sind, einen »Hit« zu erleben. In Venedig dagegen gibt es eine solche Erwartungshaltung nicht. Dazu kommt nicht zuletzt die Tatsache, daß jeder Pavillon im Zeichen seines Landes steht, von dem, wie von jedem Staat, nichts Gutes zu erwarten ist. Deswegen herrscht hier eine festliche Aufregung, zu der Venedig allen Anlaß gibt. All das sollte in meiner Arbeit berücksichtigt werden ... Ja darum ging es mir im Grunde. Und so kam mir die Idee: In jedem Pavillon wird etwas zur Schau gestellt, also muß mein Pavillon leer bleiben. So schaffe ich eine Art Loch, ein leeres Intervall, ein paar fehlende Stufen, die eigentlich da sein müßten, da sie von allen erwartet werden ...

G. Eine hohle Geste ...

K. Genau, eine hohle Geste. Aber gleichzeitig darf das Publikum nicht auf eine so gemeine Weise betrogen werden. Es muß schon am Fest teilnehmen können, das es sich von Venedig erwartet, aber mit einer gewissen Verspätung. Sein Vergnügen wird »hinausgezögert«, um es später um so intensiver zu erleben.

Derlei Erwägungen bestimmten die Komposition meiner Installation: Am Anfang erwartet den Besucher an einem Bauzaun ein uferloser Haufen Müll und sonst gar nichts. Dadurch fällt der Pavillon eher auf, denn er ist der einzige unter den vielen, der versaut und verkommen ist ... Dann geht der Besucher durch diesen Müllkorridor und findet sich in dunklen, leeren Räumen wieder, in denen es nichts gibt. Nur am Ende registriert er einen Lichtstrahl, der durch eine schmale Öffnung einfällt. Dritte Etappe: Er bekommt mehr, als er erwartet. Er betritt einen paradiesischen Hain, hinter dem sich die besonnte Lagune erstreckt. Vom Himmel strahlt nicht nur das Licht, sondern von dort aus erklingt auch eine Fülle ekstatischer Musik. Und er ist im Paradies.

Auch zuvor befand er sich im Paradies, indem er in den Alleen der Biennale wandelte, seine Bekannten traf und sich in idyllischen Gärten erholte. Auf der Terrasse des russischen Pavillons ist er sozusagen doppelt im Paradies. Er ist in einem besseren Venedig, in einem Venedig der Venedigs, denn in der ganzen Stadt bietet sich kein schönerer Ausblick als von dieser Terrasse. Was die Ideologie dieser Arbeit betrifft, so hat sie ebenfalls einen ambivalenten Charakter. Inmitten dieses Gartens, dieser Bäume und Skulpturen, an der Meeresküste steht der sowjetische Pavillon. Aber es geht gar nicht um die Sehnsucht nach der Sowjetmacht oder um den Traum ihrer Wiederkehr.

Die ideologische Grundeinstellung besteht darin, daß der Sozialismus gut ist. Mehr noch: Er ist das Fest des Lebens, aber man darf ihn nicht mit der Hand streifen, ihn auf keinen Fall berühren. Er ist »unberührbar«, wie die Aussicht vom Balkon des russischen Pavillons. Der Sozialismus ist wunderbar, aber er sollte den Utopien von Iofan und Majakowski vorbehalten bleiben und auf keinen Fall verwirklicht werden. Er ist schön, aber nur aus der Ferne. Als ewige Utopie wird er immer vor uns leuchten, uns entfliehen, wie das Grasbüschel dem laufenden Esel. Die Erfahrungen des 20. Jahrhunderts haben

Installation »Der Rote Pavillon«. Russischer Pavillon. Biennale, Venedig 1993

Haupteingang zum russischen Pavillon

Hauptraum des russischen Pavillons

Blick vom Balkon des russischen Pavillons auf die Lagune

»Der Rote Pavillon«

Ausgangstür auf dem Balkon

Blick von der Uferpromenade

gezeigt, daß wir den Utopien fern bleiben sollten. Wir können nicht auf sie verzichten, aber wir sollten nicht versuchen, sie zu realisieren. Ein Ideal bildet in diesem Sinne die Erfahrung des Odysseus, der befahl, ihn anzubinden, als er an den Inseln der Sirenen vorbeisegelte. Er konnte den Gesang der Sirenen vernehmen und gleichzeitig am Leben bleiben. Er wurde angebunden, und seine Weggefährten konnten nicht verstehen, warum es ihn so zu den Ufern zieht …

G. Ich hatte dabei ebenfalls ein festliches Gefühl. Du konntest die spezifische Atmosphäre eines sowjetischen Badeortes rekonstruieren. Wenn du auf der Veranda sitzt, kannst du dein Häuschen sehen, hinter dem Schiffe vorbeiziehen – so lieblich weiß auf himmelblauem Hintergrund. Natürlich erinnert das an Jalta-Sotschi. In meiner Erinnerung ertönen, wie vielleicht bei jedem, der sowjetische Badeorte kennt, diese ständigen Stimmen aus dem Lautsprecher, die sehr optimistisch die ganze Zeit etwas verkünden oder singen, bis du auf einmal das Gefühl hast, dich mitten in einem Alptraum zu befinden.

K. Für gewöhnlich lassen die Kritiker völlig außer acht, daß der Pavillon auch in einer Wechselbeziehung steht zu seiner Umgebung, daß er sich wie ein Fenster auf die Natur hin öffnet, auf die Baumwipfel, auf eine ferne Insel, aber auch auf die Musik …

G. Du beschreibst die Biennale, als wäre es Disneyland …

K. Wenn wir von den Besuchern ausgehen, stimmt das auch. Die Masse bringt's. Denn es ist etwas anderes, wenn ein einzelner sich in einem geschlossenen Museum eine Installation anschaut, und wenn die Massen auf den Roten Platz oder zu einer Ausstellung wie der VDNCh (»Ausstellung der Errungenschaften der Volkswirtschaft«) strömen. Überall, wo der Mensch sich in der Menge befindet, in der Gewißheit, fünfzig Bekannte treffen zu können, wird eine Macht aktiv, die wir gewöhnlich das »kollektive Unbewußte« nennen.

G. Naja. Aber du verstehst, das ist sozusagen die psychologische Seite der Angelegenheit. Wir alle sind jedoch nicht an der psychologischen, sondern an der politisch-sozialen Seite interessiert. Disneyland ist eine riesige Maschine zur Transformation ernster Lebenssituationen in Amüsements. Jede einzelne der dort aufgebauten Szenerien rekonstruiert etwas Monströses: den Mord durch die Korsaren, die Enthauptung historischer Gestalten nach Revolutionen usw. Nichtsdestotrotz wird dort alles neutralisiert und in den Kontext des Vergnügens eingebunden. Die Moral von Disneyland ist also folgende: Alles was erschreckt und provoziert, alles was existentiell oder historisch relevant ist, wurde inzwischen in den Raum des Entertainments übertragen. Auf der Realitätsebene ließ man lediglich alles Wirtschaftliche, das wir entdecken, wenn wir aus dem unterirdischen Teil Disneylands zur Oberfläche aufsteigen, auf der sich die Geschäfte befinden. Das ist die Realität.

Daher stellt sich eine interessante Frage: »Ist auch die Kunst ein Bestandteil von Disneyland?« Dabei verstehe ich unter dem Begriff »Kunst« keine konkreten Kunstwerke, sondern die künstlerische Praxis insgesamt. Es sieht aus, als wäre die Kunst als Tätigkeit zum Bestandteil der Vergnügungs- und Tourismusindustrie geworden. In Rußland hat man das bereits erkannt, denn Rußland ist ja bekanntlich das fortschrittlichste Land der Welt, das am schnellsten auf alle ideologischen Veränderungen reagiert, und so existiert hier ein gemeinsames Ministerium für Kultur und Tourismus.

Man kann also sagen, daß in Rußland die Kultur als solche sowie die Kunst als solche zu Teilen von Disneyland geworden sind. Das heißt, sie gehören jetzt zur touristischen Vergnügungsindustrie. Im Rahmen der Biennale gab es auch »Aperto«, wir betrachteten auch andere Räume, in denen die Künstler sich bemüht haben, dem ganzen Kulturrummel zu widerstehen. Sehr viele Installationen von »Aperto« wurden als Protest konzipiert, als Versuch, der Kunst die verlorene Ernsthaftigkeit und

Relevanz wiederzugeben. Dort sind erotische oder politische oder sonst irgendwelche Situationen präsentiert worden, die nach Meinung der Künstler keinen Bestandteil der Vergnügungsindustrie bilden, sondern dieser etwas entgegensetzen und die Kunst wieder mit der Tragödie des wirklichen Lebens verbinden sollen. Das Problem ist jedoch folgendes: Gibt es in unserem Leben überhaupt noch Tragödien und Katastrophen, oder sind Tragödie und Katastrophe lediglich durch die Vergnügungsindustrie neutralisierte Teile von Disneyland?

K. Ja, das ist wirklich ein Problem. Aber welche Rolle kann eine Kunstgattung wie die Installation eigentlich im Kontext des ganzen Lebens spielen? Zu meiner Schande muß ich gestehen, daß ich mich früher kaum dafür interessiert habe ... Es ist schrecklich zu gestehen, aber das war die leidige Position des L'art pour l'art.

G. Bis zu einem gewissen Grad habe ich deine Kunst stets als Beweis dafür interpretiert, daß es autonome Kunst nicht geben kann. So habe ich deine Alben interpretiert, in denen jeder Versuch, ein totales Weltmodell festzumachen, vereitelt wird. Das heißt, daß deine Arbeiten über die Jahre hinweg für mich gezeigt haben, daß jeder Versuch, die Welt zu modellieren, nicht nur ethisch problematisch, sondern auch logisch unmöglich ist. Die Welt fällt auseinander und zerstört sich von innen heraus. Zu meiner größten Verwunderung hat sich deine Einstellung zu diesem fundamentalen Thema jedoch verändert, wohl nach der Überschreitung der Staatsgrenze oder der Altersgrenze, so daß du jetzt von der totalen Installation ohne Ironie sprichst. Oder irre ich mich?

K. Nein, ich bin einverstanden, das ist eine unheimlich genaue Einsicht. Die Erklärung dafür sehe ich darin, daß man sich anfangs inmitten eines starren Modells der Welt befindet. Man zielt bei allen Vorhaben und unter Einsatz aller Kräfte nur darauf, dieses Modell bloßzustellen, zu relativieren und zu verspotten. Mehr sogar: Je deutlicher man diese totale Welt um sich empfindet, desto mehr Energie setzt sich frei, mit der man dann gegen diese Welt donnert, so daß sie aus allen Nähten, die sie zusammenhalten, platzt. Sie wird von vielen Nähten zusammengehalten, die man akkurat auftrennt, durchschneidet und zeigt, wie unnatürlich sie sind.

Doch nach der Zerstörung dieser Umwelt steht man vor dem Nichts, vor dem Wrack, das nach allen Zerstörungsaktionen der Umwelt – oder besser des Modells der Welt, denn die Welt kann man nicht zerstören – übriggeblieben ist. Es geht hier immer um eine ideologische Aktion. Von diesem Punkt an beginnt im Unbewußten – eben unbewußt, wie ich meine – der Prozeß einer Umsetzung des dekonstruktiven Willens in einen konstruktiven. Nicht etwa deswegen, weil man etwas bauen will, sondern allein aus der Annahme, daß man den äußeren Umriß, das äußere Modell schon zerstört hat.

Unerwartet läuft dann aber wieder der gleiche Prozeß ab: Man bildet wieder eine Hülle um sich, aber jetzt ist es die eigene Hülle. Erst jetzt wird es wichtig, daß man gegen ein *fremdes* Modell gekämpft hat. Es macht überhaupt nichts aus, daß nun *dein* Modell für jemand anderen genauso fremd, genauso simpel mit wenigen einfachen Nähten zusammengenäht ist und ein ebenso elementares Ding darstellt. Man ist schon allein deswegen glücklich, weil man dieses Modell hat schaffen können. Es ist egal, ob es um ein religiöses oder philosophisches, ästhetisches oder familiäres Modell geht. Es geht um das Modellieren: Die Zerstörung wird von der entsprechenden Kraft des Wiederaufbaus ausgeglichen.

G. Gut, aber an dieser Stelle entsteht ein Problem.

K. Du meinst die Frage, ob eine permanente Revolution, eine permanente Dekonstruktion möglich ist?

G. Ja, als erstes. Aber es gibt noch ein weiteres Problem. Obwohl du sagst, daß du ein Modell zerstört und ein anderes geschaffen hast, ist es nur auf den ersten Blick so, denn beide Modelle unterscheiden sich prinzipiell voneinander. Das liegt daran, daß du nicht das von einem anderen Künstler erschaffene Modell der Welt, sondern das implizite Modell der Realität zerstört hast, in dem alle Sowjetmenschen gelebt hatten. Dieses sowjetische Modell, mit dem du gearbeitet und das du zerstört hast, hatte keinen individuellen Autor. Es lag vielmehr in der Luft, es war im Bewußtsein implizit präsent, es war gewissermaßen Realität, oder wenigstens wurde es von den Menschen als solche wahrgenommen. Daher war deine Arbeit mit diesem Modell eine Arbeit mit der Realität. Obwohl du sagst, daß die Kunst mit der Realität nicht arbeiten kann, würde ich sagen, daß deine Kunst in Rußland doch mit der Realität gearbeitet hat.

K. Mit der ideologischen Realität. Wenn man bedenkt, daß die sowjetische Realität eine ideologische war ...

G. Sie war die Realität, in der wir alle lebten. Das war kein Modell, das von einem Autor, nicht einmal von Stalin, geschaffen worden war, sondern ein Koordinatensystem, von dem sich alle leiten ließen, egal, ob sie damit einverstanden waren oder es ablehnten. Egal, ob einer dieses Modell zerstörte oder in Frage stellte, er agierte innerhalb dieser Realität, auf die Ideologie rückwirkend, die in den Handlungen der Menschen tatsächlich eine Rolle spielte. Das heißt, sie beeinflußte die realen Handlungen der Menschen. Dies war eine reale Geste in einem realen Raum, der zwar nur innerhalb der ideologischen Koordinaten existierte, aber dadurch nicht weniger real war.

Was geschieht jetzt? Du lebst neuerdings im westlichen System. Das sowjetische System ist nun zerstört, aber das heißt bei weitem nicht, daß du vor dem Nichts, vor Trümmern stehst, wie du es beschreibst. Es gibt keine Leere. Du bist in ein anderes System geraten, das ebenfalls nach einem totalen Prinzip aufgebaut ist, das ebenfalls unterschwellig im Bewußtsein der Menschen wirkt und ihnen bestimmte Gesten in diesem realen Raum aufzwingt. Der Unterschied für dich besteht darin, daß du dieses implizite

Modell, in dem du jetzt lebst, nicht mehr dekonstruierst. Statt dessen machst du etwas anderes. Du rekonstruierst im Rahmen dieses realen Modells die zerstörte sowjetische Vergangenheit. Wie siehst du es selbst? Glaubst du, daß diese Rekonstruktion eine vollwertige Geste im realen westlichen Raum darstellt, oder befindest du dich wie Alice im Land hinter den Spiegeln? Ich meine, welches Verhältnis hast du, wenn überhaupt, zur impliziten westlichen Ideologie?

K. Weißt du, Borja, die Antwort ist sehr einfach: Ich habe den Westen zu sehr idealisiert. Das quälend ideologische Leben in der Sowjetunion hat mich dazu geführt, einen Mythos über die phantastische Realität des Westens zu schaffen. Man kann sagen: Je länger ich in der Sowjetunion lebte, um so gewaltiger wuchs in meiner Phantasie ein riesiger, perfekt konstruierter Raum des westlichen Paradieses. Ich meine natürlich das künstlerische Paradies mit all seinen Feldern und Straßen, mit der eigenen Geographie und mit den eigenen geistigen Zentren. Da ich in einer Kunstschule ausgebildet worden war, entstand in meiner Phantasie ein künstlerisches Paradies, in dem ich mir alle Kunstinstitutionen des Westens wie eine ideale Kunsthochschule vorstellte, mit einem wunderbaren Direktor, guten Erziehern, Lehrern, sehr begabten Malern, die von früh bis spät nur malten und füreinander Ausstellungen organisierten. Es blieb unklar, wer diese ganze Institution unterhielt, wer dort die Lebensmittel lieferte, wie die wirtschaftliche Verbindung dieses Instituts mit der übrigen Welt funktionierte, aber es war selbstverständlich, daß es dort von früh bis spät Würstchen gab, also das Essen reichte aus. Es war auch nicht die Welt der Genüsse, nicht die Welt der Vergnügungen. Dort malten alle, abends sahen sie sich ihre Zeichnungen an und klatschten Beifall. Diejenigen, die dieses Leben nicht verdienten, nicht fleißig waren und keine Meisterwerke ausstellen konnten, verschwanden dann auf geheimnisvolle Weise, und es blieben die besten, die immerzu wunderbare Projekte ablieferten, es blieben nur die Pädagogen und Direktoren, die mit dieser Belegschaft, mit dieser märchenhaft begabten Elite, richtig umgehen konnten. Also, ständig ein Fest, nichts anderes. Dies ist das Modell des westlichen Paradieses, ich wiederhole, eines ideologischen Paradieses, das in meinem Bewußtsein seit langem schon endgültig Gestalt angenommen und sich im Laufe von dreißig Jahren zunehmend verfestigt hat. Interessant ist, daß dieser Mythos nie als Utopie aufgefaßt worden ist. Er war hermetischer und psychisch komfortabler, er hatte keinerlei Löcher, das war kein Phantasma – auf psychischer Ebene war er stabiler und realer als jedes Objekt aus Metall. Seit dem Moment, als ich mich im Westen wiederfand ...

Stell dir einen Menschen vor, der so intensiv phantasiert, daß er die Dächer und Türme jener Institution, die einzelnen Stockwerke, all die Künstler, ja die lächelnden Gesichter der Direktoren vor sich zu sehen meinte; endlich macht er eine Tür auf – genauer gesagt, das Schicksal öffnet ihm diese Tür –, und plötzlich geschieht das Unglaubliche, das Wunder: Alles, wovon er geträumt und phantasiert hat, findet er tatsächlich in der Wirklichkeit wieder. Das Bild und die Realität haben sich mit einem leisen und märchenhaften Klang zusammengefügt. Du mußt es dir nur vorstellen, ich meine es jetzt nicht allegorisch.

G. Ich verstehe. Aber es führt uns wieder zu dem, womit ich angefangen habe. Wie du dieses westliche Paradies beschreibst, ist es eben ein System zur Lustbefriedigung. Dieses System funktioniert, indem es Lustempfindungen stimuliert. Eine Konsumgesellschaft, eine Industrie der Unterhaltung, des Tourismus ...

K. Aber nicht für alle.

G. Na ja, wenn auch nicht für alle. Es spielt keine Rolle, ob es für alle oder nicht für alle ist. Das ist eine Welt, aus der die Tragödie, der Tod verschwunden sind, das ist eine Welt, aus der in der Tat alles Ernsthafte verschwunden ist. Das ist eine Welt äußerster Verzweiflung, eine Welt, wo alles sich in ein Disneyland verwandelt hat.

Vielleicht kann man sagen, daß du auch mit diesem Verschwinden der Tragödie, des Todes, des Ernsthaften, des Sinns arbeitest, indem du sie de facto als verwandelte Wunscherfüllung beschreibst. Ich meine, du rekonstruierst diesen Mythos ganz korrekt, weil, wie ich glaube, dieser Mythos sich selbst auch so sieht. Nicht nur du siehst ihn so, sondern er selbst sieht sich so. Deswegen produziert er allein den Alptraum und den Horror. Und hier stelle ich dir eine Frage. Du bringst diese Sachen von dir hierher, du machst deine Installationen hier. Dort machtest du es, um ein bestimmtes Weltbild in Frage zu stellen, um einen bestimmten Mythos zu ironisieren und ihn distanziert zu betrachten. Haben denn deine Installationen, deine Rekonstruktionen, die du hier machst, auch eine Funktion? Erfüllen sie denn die Funktion einer Distanzierung von diesem westlichen Mythos? Gehen sie über den Rahmen dieses Mythos hinaus, arbeiten sie damit? Oder nehmen sie ihn einfach als Tatsache?

K. Weißt du, Borja, es ist merkwürdig. Bei all meiner andauernden Neigung zur Reflexion, zur Diskussion, zur Distanzierung kann ich diese Reflexe überhaupt nicht mehr willentlich einschalten. Ich kann deine Fragen nicht beantworten. Ich weiß nicht, welche Funktion meine Installationen hier erfüllen. Ich weiß nicht, welche Aufgaben ich mir stelle. Vor kurzem, noch vor einem Jahr, war ich ziemlich sicher, daß es mein Ziel war, der westlichen Welt ihren »dämonischen Anderen« zu zeigen, das »sowjetische Epos« zu schaffen. Merkwürdigerweise ist für mich dieses noble Image eines Chronisten oder eines Ausplauderers von Geheimnissen nun etwas verblaßt, und ich muß zugeben, daß ich jetzt eine ziemlich gut laufende professionelle Tätigkeit ausführe, verschiedene Varianten und bestimmte professionelle Lösungen erarbeite. Aber ich bin mir darüber im klaren, daß ... ich dazu nichts zu sagen habe. Das trifft zumindest auf das letzte Jahr zu, wo ich so viele Ausstellungen mit den unterschiedlichsten Techniken und an allen möglichen Orten realisiert habe. Die ideologischen Begleitimpulse, wenn man das so nennen kann, gehen verloren. In diesem Sinne ist für mich die Installation eben jene abgeschlossene Welt eines Raumes, wo ich ganz einfach eine Ecke nach der anderen zu beschreiben habe.

G. Und dies läuft Gefahr, einen sehr traditionellen künstlerischen Raum mit neuen Mitteln zu rekonstruieren, eine in sich geschlossene künstliche Welt, die sich ihrer Verbindungen mit der Realität und ihrer Stellung im kommunikativen Ganzen nicht bewußt ist. Vielleicht wird uns jetzt unsere damalige Kritik an den anderen und ihre Verhöhnung noch selbst zum Verhängnis ...

Da ich über diese Themen auch mit anderen spreche, kann ich sagen, daß das Publikum deine Kunst seit dem letzten Jahr anders wahrnimmt. Daß du dem Westen eine gewisse Wahrheit über den Osten mitteilst, entsprach nicht nur deinem Selbstverständnis, sondern auch der Vorstellung des Westens von dir. Diese Übereinstimmung gibt es nicht mehr. Das heißt, daß deine Arbeiten nicht mehr so wahrgenommen werden. Sie werden jetzt als Gesten innerhalb des westlichen Kulturraumes begriffen, und das Publikum stellt dir die Frage nach dem Sinn dieser Arbeiten, die als Gesten in einem bestimmten realen Raum des westlichen künstlerischen Systems funktionieren.

Diese Veränderung erklärt sich durch die prinzipielle Veränderung der Welt nach dem Ende des Kalten Krieges, durch die Integration des Ostens ins internationale System. Früher, als es ein westliches System gab, existierte auch die Frage der Repräsentation des »Nicht-Westlichen«, die Frage der anderen Kontexte. Jetzt ist diese Grenze aufgehoben und eine einheitliche Situation entstanden, in der nach denselben Regeln dasselbe Spiel gespielt wird.

Übrigens hat man während der Biennale gemerkt, daß

der russische und der deutsche Pavillon gewissermaßen nach dem gleichen Prinzip konzipiert worden sind, da du und Haake die Pavillons als Abbilder eines entweder halbzerstörten oder erst im Aufbau begriffenen Totalitarismus eingerichtet habt. Natürlich waren der deutsche Totalitarismus und der russische Totalitarismus sehr verschieden, deswegen sind auch die Pavillons unterschiedlich geworden. Wie siehst du denn selbst deine Nachbarschaft mit Haake?

K. Weißt du, bei jedem Fest gibt es zwei solche Figuren: Der eine ist mürrisch, alles nervt ihn, er sieht überhaupt nichts Lustiges; der andere dagegen amüsiert sich nur noch und erlebt eine Art Superfete. Tja, diese Figuren sind eben wir: Haake und ich.

(Übers. von Irena Belikowa)

Toilette

G. Ich glaube, der erste Eindruck bei allen, die deine Installation *Toilette* sahen, war, daß dies eine Art Privatisierung eines öffentlichen Raumes ist von der Art dessen, was gerade in Rußland geschieht. Denn der öffentliche Raum des Kommunismus – das war eine öffentliche Toilette, jener Raum, wohin jeder geht und an dem jeder teilhat, er hat ein Pathos von Kollektivität. Es gibt einen berühmten französischen satirischen Roman, der die Errichtung einer Toilette im Zentrum einer Stadt beschrieb, gleichsam als Denkmal des demokratischen Kollektivismus. Und plötzlich wird sie privatisiert, irgendeine Privatperson zieht dort ein. Ich glaube, die soziale Lesart ist die naheliegendste. Hast du sie denn beabsichtigt? Ich bin mir da nicht ganz sicher …

K. Ich denke, ich habe die soziale Lesart beabsichtigt. Doch ich muß anmerken, daß der Impuls zur Hervorbringung dieser Arbeit zwei Ursachen hatte: die Erinnerung an die Kindheit und die Umstände, unter welchen diese Arbeit entstehen und realisiert werden konnte. Die Kindheitserinnerung ist damit verbunden, daß meine Mutter, als ich im Wohnheim, im Internat, in der Moskauer Kunstschule wohnte, ihre Arbeit wie die Wohnung aufgab, nur um bei mir zu sein und teilzuhaben an meinem Leben in der Kunstschule. Das war nur möglich, wenn auch sie in eben jener Schule arbeitete. Auf diese Weise kam sie als Hauswirtschafterin in dieses Internat und kümmerte sich um die Wäsche. Selbstverständlich hatte sie gar keine andere Wohnung. Sie hatte einen Abstellraum, wo sie die saubere Wäsche aufbewahrte – Handtücher, Bettlaken, Kissenbezüge, und dieser Abstellraum befand sich in einer ehemaligen Toilette. Es handelt sich hier freilich nicht um eine schmutzige Toilette, – es war eine traditionelle Schultoilette für Jungen, unterteilt in fünf, sechs Kabinen, die zu Wäscheregalen umgestaltet waren. Aber zu den Qualen meiner Mutter zählte, wie sich später herausstellte, auch jener Umstand, daß sie sich irgendwann einmal kein Eckchen mieten konnte, die Vermieterin hatte sie hinausgeworfen, sie hatte keine Bleibe und übernachtete illegal in ihrem Abstellraum, faktisch auf der Toilette. Sie beschaffte sich ein Klappbett und lebte dort anscheinend ziemlich lange, bis irgendwer – eine Putzfrau oder eine Lehrerin – es dem Direktor hinterbrachte. Und da warf man sie hinaus aus diesem Zufluchtsort. Hier konzentriert sich, wie du siehst, eine ganze Reihe von Problemen – die Obdachlosigkeit, die Schutzlosigkeit vor der Obrigkeit sowie, daß ein Mensch von unglaublicher Reinlichkeit, Sauberkeit und Ordentlichkeit gezwungen ist, ein Leben am unglaublichsten Ort zu führen. Meine kindliche Psyche war traumatisiert durch all das und dadurch, daß meine Mutter und ich niemals ein Eckchen hatten.

Der zweite Grund für das Auftauchen der *Toilette* auf der »documenta« ist folgender. Ich habe dir erzählt, daß Jan Hoet die Liste der Teilnehmer der »documenta« ziemlich lange nicht präsentierte. Endlich fand das allseits erwartete Ereignis statt, er nannte die Namen der ersten neun Teilnehmer, die zur ersten Pressekonferenz nach Kassel eingeladen worden waren, wo er über seine Pläne und die Konzeption der Ausstellung erzählte. Und ich war zum ersten Mal zu Besuch in diesem »Zentrum der Welt«, diesem Tempel. Und nervös wie ich war, fühlte ich mich gleichsam zu einer Königin geladen oder in einen Palast, wo über das Schicksal der Kunst entschieden wird. Für Künstler ist das wie die Olympischen Spiele, du merkst plötzlich, daß etwas mit deinen Beinen nicht stimmt oder sonst etwas, du merkst, daß du das alles nicht aushältst. Panik und Verzweiflung waren groß, besonders als sich zeigte, daß neben mir Mario Merz und Gerhard Richter saßen, und Jan Hoet sprach von einem Weltereignis. Ich verlor den Mut, wurde ganz niedergeschlagen. Vor allem stürzte mich in diesen Zustand nicht nur der Ort selbst, die

Installation »Die Toilette«. Herren-Abteilung. documenta, Kassel 1992

Herren-Abteilung

Herren-Abteilung

Kinderzimmer

Herren-Abteilung

Damen-Abteilung

Nachbarschaft zu Beuys, sondern auch die riesige Zahl an Teilnehmern. Die Teilnahme an großen Zusammenkünften ist an und für sich neurotisch, da sich sofort die Frage stellt: Man wird dich einfach erdrücken, überhaupt, warum bist du hier, du bist ja dem Untergang geweiht? Aber sich etwas ausdenken und anfangen zu quaken kannst du nur, wenn du dich nicht einem konkreten Künstler gegenüberstellst (das ist sinnlos, weil es so viele sind), sondern gerade der Masse von Künstlern als Ganzer genommen. Diese Aufgabe in Verbindung mit dem niedergeschlagenen Zustand machte mir klar, daß man nur unversehrt bleiben konnte, indem man etwas vorbrachte, was allem anderen und auch dem, was die allergrößten Künstler zeigen konnten, völlig entgegengesetzt war. Es war sogar schrecklich für mich, zu Mario Merz, Gerhard Richter und den anderen großen Künstlern hinzusehen. Die Seele des unglücklichen russischen Usurpators zitterte vor den legitimen Vertretern der großen zeitgenössischen Kunst. In diesem schrecklichen Zustand, begreifend, daß ich mich auf der Schwelle zum »Selbstmord« befand, entfernte ich mich von dieser hohen Gesellschaft und ging ans Fenster, sah hinaus – es war im ersten Stock des Fridericianums –, ich sah in den Hof. Was ich erzähle, entstammt dem Bereich der Künstlermärchen, doch es war tatsächlich so, überhaupt nicht geschwindelt. Ich sprach für mich buchstäblich die Worte: »Mamočka, hilf mir!« Es war dieser Moment, wo an der Front ein Panzer auf einen verwundeten Soldaten losfährt. Das Verblüffendste war, daß Mamočka sofort half. Wirklich Mamočka. Es geht hier nicht um irgendwelche höheren Mächte, die inspirierten oder halfen. Es war wirklich Mamočka, die aus der anderen Welt sprach und gleichzeitig handelte: Als ich aus dem Fenster blickte, sah ich in diesem Hof eine Toilette stehen und alles von Anfang bis Ende – bis hin zur Idee, zur Konzeption, zur psychopathischen Hysterie war entschieden. Es war augenblicklich und endgültig gesprochen. Es unterlag keinem Zweifel, ob es gut oder schlecht war, weil ich wußte, daß es gut war. Es war ein Geschenk. Ich war gerettet, ich war unter dem Panzer herausgezogen worden. Es war ein für mich ein traditioneller Akt der Verbindung von Kunst und Schrekken. Die Angst bewegt zu einer Entscheidung und erscheint als Gesetz, nach dem etwas geschehen kann – und nicht, sagen wir mal, die Liebe, wie es gewöhnlich in der Geschichte der Dichtung beschrieben wird: Ich verliebte mich, die Seele geriet in Erregung, und es entstanden Gestalten, zum Beispiel die von Dantes »Hölle«. Nichts dergleichen – nur Angst und Panik. Und kaum war dies geschehen, jauchzte ich innerlich auf und entwarf eine Skizze, und in der Pause zwischen den Ansprachen ging ich zu Jan und sagte, ich hätte folgendes Projekt hier. Worauf er sofort reagierte und sagte, gut, wir werden es nehmen, und ich überließ ihm die Skizze. Alles wie im Märchen. Im weiteren verlief alles gut, da ich überzeugt war, daß es gut sei, und es gab keinerlei Zweifel. So die Vorgeschichte. Dann begann die Epopöe mit dem Aufbauen, das war äußerst lustig.

G. Klar, daß das eine sehr russische Arbeit war …

K. Ich wußte, daß es eine Metapher war, da die Entscheidung, etwas Russisch-Sowjetisches zu machen, keiner Diskussion bedurfte.

G. Ja, aber eine Metapher wofür? Man muß sagen, daß sehr viele Künstler auf dieser »documenta« Arbeiten gemacht haben, die sich so oder anders auf das anale System bezogen, ohne Absprache untereinander. Es gab eine Installation mit einer Toilette mit antiken Abbildungen darin, eine unechte Toilette im Garten, ein System von Kinderklos, es gab die nicht schlechte Arbeit einer französischen Künstlerin mit Toilettenschildern, dann die keramische Nachbildung von Scheiße usw. Aber meine Reaktion auf deine *Toilette* war, im Unterschied zu dieser ganzen Toilettenthematik, keine Toilettenreaktion, sie fiel bei mir unter etwas anderes. Und ich würde sagen, für mich war es eine Metapher der »documenta«. Weil es nämlich ein privater Raum innerhalb eines großen öffentlichen Raums ist, eines Raums, in den der Mensch unbedingt hineinschaut, und er schaut dann hinein und für die Zeit, die er braucht, um sein Bedürfnis zu erledigen. Das heißt, wenn man das Verhalten eines Besuchers der »documenta« beobachtet, dann kann man sagen, daß es das Verhalten eines Toilettenbesuchers ist. Er geht in die Kabine – die Kabine stellt den Komplex der Künstlerarbeiten dar, irgendeine Räumlichkeit für sie, er verbringt dort ungefähr fünf bis zehn Minuten, um sein »Bedürfnis zu erledigen«, und geht hinaus. Deshalb ist deine *Toilette* für mich eine Metapher des Ausstellungsraumes: Ein großer öffentlicher Raum, sehr anonym, in den jeder hineingehen kann (das heißt, er ist durch nichts geschützt vor denen, die hinein wollen) und der gleichzeitig in eine Masse von »Privatquartieren« zersplittert ist, wo sich Dinge befinden, die dem Künstler lieb und teuer sind, die aber im Grunde keinen besonderen Bezug zum Besucher haben. Wenn er also dort hineingeht, begreift er, daß er sich in einem Privatquartier befindet, doch er begreift nicht ganz, was dort vor sich geht.

K. Das ist richtig. Ich wollte noch eine interessante Frage ansprechen ... In der spontanen Entscheidung, die *Toilette* im Innenhof zu machen, schimmerte von hinten freilich die unbewußte Überzeugung durch, daß dieses Kunstwerk ausgerechnet dort aufgestellt werden mußte. Jeder mit Bewußtsein herangehende Künstler auf der »documenta« muß sich den für ihn komfortablen Raum nicht nur unter dem Blickwinkel der Beleuchtung u. ä. suchen, sondern auch unter dem Blickwinkel der Strategie des »ruhigen Punkts«. Überhaupt stellt die »documenta«, wie mir klar wurde, ein Schlachtfeld dar. Als unsere ganze Gruppe mit Jan Hoet an der Spitze vor dem Aufbau der Installationen über das »Schlachtfeld« ging, assoziierte ich damit eindeutig Suworow ... oder Kutuzow samt Gefolge auf dem Gang durch die Schanzanlagen in Borodino vor der Schlacht. Die richtige Anordnung von

Batterien und Schützengräben entscheidet über den Ausgang der Schlacht: »Ein großes Feld gefunden ist, auf dem sich wacker walten läßt, gebaut sind die Redouten ...« Kennst du das noch? Als die Gruppe herumging, sah und spürte ich, daß ich meine Schanzanlagen, meine Geschütze nicht hier aufbauen durfte. Jan Hoet sah in diesem Moment auch aus wie Napoleon auf dem Pferd, der entscheidet, wie alles am besten aufzustellen sei, um die potentiellen Gegner, Angreifer zu vernichten. Für mich war das eindeutig. Ich glaube, ich hatte die Entscheidung als erster getroffen damals, als ich aus dem Fenster gesehen hatte, denn die anderen, den Eindruck hatte ich, waren noch auf der Suche, wo sie ihre Maschinengewehrnester aufstellen konnten. Für mich war das das Wichtigste, zumal ich wußte, daß der Hauptpunkt der gegnerischen Attacke natürlich die Einnahme des Palastes sein würde. Und ich verstand, daß man hinten stehen muß, das Hinterland verteidigen. Eine rein psychische Reaktion. In der Fußballmannschaft war ich immer der Torhüter und im Volleyball in der Verteidigung, das heißt, ich bekam den Ball zugeworfen und versuchte ihn abzugeben. Aber das sind persönliche Dinge. Außerdem spürte ich, daß ich als Vertreter des sowjetischen Vaterlands eine Position einnehmen mußte, die dessen Stellung in der Welt entsprach. Da die »documenta« ein Modell von Weltmaßstab ist, mußte ich den Platz meines Vaterlandes einnehmen – und dieser Platz ist natürlich im Hinterland, hinten, das heißt, ich mußte das Hinterteil verteidigen, das sich nicht bewegt, das stark befestigt sein muß, wenn die Attacke an der Front erfolgt. Für mich war es die Vorstellung von Rußland als Hinterteil, das sich nirgendwohin bewegt und von hinten die ganze Konstruktion zusammenhält. Und ich hatte recht: Ohne die Absichten der anderen Künstler zu kennen, stellte ich, als ich zum Aufbauen kam, mit unglaublicher Befriedigung fest, daß die Frontseite des Fridericianums, wo eine besonders schreckliche Attacke erfolgen würde, von den Amerikanern belegt war, genauer von Borofsky: ein Stab, der in den Himmel ragt ... Ich war überglücklich: der Stab als Phallussymbol oder als erhobener Säbel, Wunsch nach Kampf – Amerika, wie es ihm auch gebührt, die Kavallerie-»Avantgarde«, die den Kampf aufnimmt. Der Bug des Schiffes Welt. Europa – gleichsam dessen Hauptfracht und Schatz, der Altar, der bis zum letzten Tropfen Blut verteidigt werden muß. Und Rußland ist das Hinterland, das Heck dieses Schiffes. Jedes Hinterteil hat große Bedeutung. Also, jetzt bewege ich mich in Richtung Toilette. Der Phallus, triumphal aufragend, in den Himmel strebend, – im Vergleich mit dem Analen: Kampftruppen wollen nach der schrecklichen Attacke, im Moment der Erschöpfung unbedingt scheißen. Sie müssen dann in völliger Sicherheit, geschützt durch diesen Palast, ruhig auf der Toilette sitzen können, vielleicht sogar seelisch ausruhen, um sich danach erneut in den Kampf zur Verteidigung der Festung zu stürzen. So ergab sich eine, wie mir scheint, völlig richtige geometrische Situation: vorn Amerika, Europa in der Mitte und Rußland hinten.

G. So ist es, doch andererseits, wenn man zurückkommt auf die Sammlung von Dingen in der Toilette als Sammlung persönlicher Gegenstände, dann muß gesagt werden, daß Hoet bei der Planung der »documenta« vom »Haus« als zukünftigem Thema sprach.

K. Ja, du weißt, wir setzten uns, und schon hatte ich als Illustrator eine Aufgabe. Er sagte völlig eindeutig, daß das Thema der »documenta« »Haus« sein werde. Dies werde jedem Künstler vorgegeben.

G. Doch dann ist er davon abgekommen.

K. Ja, dann war es »Körper« ...

G. Auch davon ist er abgekommen, er kam überhaupt von allem ab. Und fing an, davon zu sprechen (er sprach auch auf der Eröffnung der Ausstellung davon), daß es sich um keinerlei Konzeption handle – die Idee war Kunst nach dem Ende der Ideologien, der Theorien, der Bewegungen, nach dem Ende der Avantgarde, überhaupt

Kunst nach dem Ende der Kunst, wenn Kunst sich überhaupt nicht mehr an irgendwelchen Programmen orientiert. Alles, was blieb, war sein persönlicher Wille als Kurator, der die Künstler kombiniert und auswählt – und nicht weil sie irgendeiner Konzeption entsprechen, einem Prinzip oder einer Aufgabe, sondern er vereinigt einfach rein instinktiv-assoziativ Künstler in einer gewissen Sammlung und in häuslicher Umgebung. Und so wurde aus der Idee ein subjektives, durch nichts erklärbares unbegründetes Spiel von Assoziationen. Das, was Claude Lévi-Strauss »bricolage« genannt hat: Im Unterschied zum Europäer sammelt der Wilde Gegenstände nach Assoziationen, weil sie ihm gefallen oder ihn an etwas erinnern. In diesem Sinne würde ich sagen, daß die Idee von Jan Hoet die einer Bricolage war. Interessant ist, daß nicht nur Jan Hoet eine Bricolage-Ausstellung gemacht hat, er lud Künstler ein, die alle an ihrem Platz ebenfalls eine Bricolage-Ausstellung machten. Das heißt, sie stellten in den ihnen zugewiesenen Räumlichkeiten verschiedene Dinge ebenfalls nach dem System persönlicher Assoziationen auf.

Einige waren verständlich, die Mehrzahl aber nicht, da sie zu persönlich waren. Diese konnte entweder der Künstler selbst erklären oder Freunde des Künstlers. Zum Beispiel, daß Abramović die Amethysten in irgendeiner Höhle gefunden, ein anderer in die Haare der Geliebten irgendwelche andere Haare hineingeflochten und ein dritter noch irgendsowas Geheimnisvolles gemacht hat ... Kurz gesagt, es war ein System von prinzipiell für niemanden verständlichen Assoziationen – weder für den Betrachter noch für die drumherum. Die »documenta« als wild-assoziative Ansammlung von Gegenständen: Berlokken, Perlen, ein kaputter Radioempfänger, Aschenbecher usw. Das heißt, die Kunst, die früher göttlich war und das göttliche Geheimnis verkündete, hat aufgehört so zu sein und verkündet jetzt das Geheimnis des Persönlichen. Du weißt nicht, aus welchem Grund diese Dinge sich hier befinden, du weißt nur, daß sie mit irgendetwas im Bewußtsein des Künstlers zusammenhängen, aber der Künstler sagt es dir nicht. Und das hat mich natürlich beeindruckt. Beeindruckt, weil ich mir überlegte, daß jeder Mensch ein solches Geheimnis hat: Zu Hause wie am Arbeitsplatz, falls dieser konstant ist, sammelt er derartige Dinge. Und weshalb diese meine persönliche Bricolage sich bei mir zu Hause befindet und jene hier auf der Ausstellung, diese Erklärung fehlt einfach. Wenn es irgendeine Idee oder Konzeption gäbe, ließe es sich erklären. Doch da es sie nicht gab, entstand das Geheimnis. Dieses Geheimnis ist tiefer als das von Hoet oder das dieser Künstler. Es ist das Geheimnis, weshalb meine Dinge bei mir in der Wohnung liegen, seine aber hier ausgestellt sind. Dieses tiefe Geheimnis ist in dieser Toilette angelegt. Sie kann nicht erklärbar sein, weil es sonst eine Theorie gäbe. Aber die Idee bestand ja gerade darin, daß es keinerlei Theorie gibt. Weil Theorie schädlich und kalt ist und die Kunst zugrunde richtet. Grundlage der Kunst muß die persönliche Verbundenheit mit Dingen sein, die gesättigt sind von persönlich-assoziativer Verbindung zum Künstler, die dieser nicht auszudrücken vermag, die ihm jedoch im Leben existenziell gegeben ist. Sobald aber eine Konzeptualisierung und Theoretisierung beginnt, geht alles kaputt. Die Situation der Kälte ist uninteressant, alles muß in warmer Verbundenheit zusammenhängen.

Eine empfindsame Seele – zart und verletzlich – und dabei eng verbunden mit der Idee der Institution. Denn zwischen einem denkenden und einem nicht denkenden Menschen ist von sich aus ein Unterschied gegeben. Zwischen zwei zartfühlenden Menschen ist der Unterschied nur ein institutioneller: Der eine schläft bei sich zu Hause, der andere ist auf der »documenta« ausgestellt. Eine andere Unterscheidung zwischen ihnen gibt es nicht und kann es nicht geben. Der Unterschied zwischen Hoet und jedem anderen beliebigen Besucher besteht nur darin, daß Hoet der Kurator ist, jener andere aber mit seiner Frau zu Hause sitzt. Mir scheint, deine *Toilette* demonstriert das sehr schön. Weil sie die Bricolage maximal der Banalität annähert und maximal der Wohnung eines normalen Menschen und dadurch dem inneren Konzept all dessen Ausdruck verleiht. Es ist nichts als eine Wohnung, aber die Eigentümlichkeit der Dinge, ausgestellt an anderem Ort, schafft die Illusion von Kunst. In Wirklichkeit sind diese Dinge exakt nach dem gleichen Prinzip angesammelt, nach dem jeder Mensch Dinge in seiner Wohnung ansammelt. Ein prinzipieller Strukturunterschied besteht nicht, bloß ein Unterschied bei der Schwierigkeit des Auffindens dieser Dinge – zum Beispiel der Amethyste oder Nashörner, aber arrangiert sind sie nach genau dem gleichen Schema. Und daß bei dir das Prinzip dieses Arrangements als Prinzip des persönlichen Sammelns von Dingen präsentiert wird, hat mir sehr gefallen. Denn deine *Toilette* ist in vielfacher Beziehung eine Metapher der »documenta« selbst. Und ihr Bezug zur »documenta«, das heißt ihre Abgesondertheit als getrennter Ausstellungsraum, ist wie ein Modell des Fridericianums. So habe ich sie auch wahrgenommen, sie ähnelt dem Fridericianum sogar irgendwie.

K. Ich denke, das trifft zu. Das heißt, einer der Gegenstände in der Reihe ist die Beschreibung der gesamten Reihe. Doch ich wollte noch bei der Idee dieser *Toilette* in sozialer Hinsicht bleiben. Der Vorschlag, eine Toilette aufzustellen, ist neu in der Beziehung, daß die Kultur, wie du weißt, sich in letzter Zeit mit unglaublicher Sorgfalt nur mit einer von den drei niederen Funktionen beschäftigt, und das ist, wenn wir auf besagte geometrische Konstruktion zurückkommen, die Fassade des Körpers. Der Eros nimmt alle erdenklichen, außergewöhnlichen, unglaublichen Formen an und erscheint in der Kunst nun nicht mehr bloß als Metapher, sondern als direktes Objekt der Manipulation wie der Darstellung. Doch alles Schöne hat sein Ende. Und ich glaube, dieser Moment ist gekommen.

Aus dem Bereich jener Assoziationen läßt sich nichts Neues mehr sagen, allem Anschein nach ist es unmöglich. Aber die Natur duldet keine Öde. Mit der Ermüdung eines Glieds erhebt sich das Interesse am nächsten. Ich glaube, daß das Interesse am Hinterteil des Menschen, falls man es nicht erotisch auffaßt (was ich scharf ablehne), mit anderen Bereichen der menschlichen Existenz zusammenhängt, sprich – Pissen und Kacken treten als neue thematische und potentielle Möglichkeiten zur Entdekkung der Welt auf. Erinnern wir uns an die Scheißedosen des italienischen Künstlers Manzoni oder an den kürzlich erschienenen Artikel unseres Freundes Epstein – Essay über die Scheiße. Doch ich wollte sagen, daß mit dem Erscheinen von gleichzeitig acht Toiletten und Darstellungen von Scheiße in verschiedenen Formen – vielleicht eine ganz neue Richtung künstlerischen Nachdenkens auftaucht, die damit zusammenhängt, daß der Gegenstand Erotik mit der Zeit erschöpft ist und man sich direkt den Bereichen der Ausscheidung zuwendet, des Entledigens von Schmutz, das heißt, all dessen, was mit der analen Situation zusammenhängt. Die Frage besteht einzig darin, wohin dann die Entwicklung der zeitgenössischen Kunst weitergeht. Geht sie in Richtung Scheiße oder in Richtung Pisse? In jedem Falle bleibt die Toilette immer am Beginn dieser Entwicklung, ohne etwas zu riskieren.

G. Ich bin eigentlich nicht sicher, ob die Kunst sich in diese Richtung bewegt, obwohl es Bestätigungen dessen gibt, was du sagst. Zum Beispiel die Arbeit von Andreas Serrano, die in Richtung Pisse geht. Übrigens, Arbeiten mit Pisse hat schon Andy Warhol gemacht. Aber ich glaube, all das ist in hohem Maße integriert, vor allem in die Konstruktion des Phallus. Und in die Philosophie. Ich glaube, dieser Prozeß wurde ein für alle Mal von Freud integriert.

K. Ich meine aber trotzdem etwas anderes: Das Auftauchen dieses Themas, das Aufblitzen des Interesses an der Toilette hängt mit der Arbeit auf anderen Gebieten zusammen, es ist keine Rückkehr zu den erotisch ausgearbeiteten Feldern und Problemen. Es läßt sich nicht übersehen, daß hier neue Horizonte sich eröffnen, die zweifellos zu wirken beginnen. Ich bringe das in Zusammenhang mit der Verschmutzung des Raums, dem Auftauchen riesiger Mengen von Müll und unbrauchbarem Material, das in dieser Welt verstreut wird. Das Auftauchen der Banalität als Alternative zu allem Originellen und Außergewöhnlichen, das Wehen eines grauen, staubigen, ich würde sogar sagen, östlichen Windes, der Destruktion, Verschmutzung, Unproduktivität bringt. Dies ist – im Gegensatz zum Erotischen als Produktivem, Außergewöhnlichem – der Ausfluß von etwas Totem, sichtlich Unnützem, Negativem in bezug auf die Welt. Während der Phallus das traditionelle Symbol des Lebens, des Werdens ist.

G. Ja, das kann freilich überhaupt zum Thema werden. Thema der Kunst ist immer ein allen bekanntes Geheimnis. In der heutigen Welt gibt es zwei allen bekannte Geheimnisse – die Politik und den Sex. Es ist das, was alle kennen und wovon alle wissen, daß sie es nicht kennen. Im Prinzip ist deshalb jede zeitgenössische Kunst entweder politisch oder erotisch. Aber freilich gibt es die Tendenz, von der du sprichst. Es ist natürlich die Tendenz zur Ökologie, denn gerade die Ökologie, die mehr und mehr das Bewußtsein des heutigen Menschen erfaßt, nimmt diesen in einem etwas anderen Modell wahr, nicht in einem sozialen Modell wie früher (denn Sex wie Politik sind soziale Sphären). Die Ökologie stellt das Soziale in Frage und bindet den menschlichen Körper an den Zyklus des natürlichen Metabolismus, des Stoffwechsels, auf verschiedensten Ebenen, unter anderem wird sogar das Sozium als Stoffwechselsystem aufgefaßt. Ein riesiges Interesse – politisch, ideologisch wie künstlerisch – gilt jetzt dem Problem des Mülls, des Wegwerfens, des Wiederverwertens. Übrigens, sogar wenn man als Beispiel die russische Literatur nimmt, läßt sich daran erinnern, daß gleichzeitig zwei Romane erschienen – Sorokins *Norma*, wo die

Helden sich von Kot ernähren, und dann völlig unabhängig davon ein Roman von Woinowitsch, der ein gleiches Verfahren benutzt. Und beide interpretieren diesen Prozeß als Prozeß eines Schließens des natürlichen Zyklus. Wenn man also allgemein von der Idee des Kots spricht, so hat uns das ökologische Bewußtsein umorientiert in dem Sinne, daß wir mehr und mehr von der Vorstellung des ins Leere Defäkierens abrücken, das Defäkieren mehr und mehr als etwas empfinden, was uns in einen einheitlichen natürlichen Zyklus integriert. Denn der Kot kommt ja in der Tat zu uns zurück – wir essen ihn doch auch. Wir sind gleichsam Teil eines einheitlichen Körpers geworden. Besondere Aufmerksamkeit gilt der Idee jeglichen Abfalls, jeglichen Schrotts usw. und dem, was alles aus Abfall und Schrott gemacht wird, das heißt, unser Körper wird integriert in einen, der noch häufiger sich austauscht, und das Sozium kommt irgendwo dazwischen abhanden, während es bis dahin einziger Bezugspunkt der Existenz war. Es verliert seine Funktionen in dem Maße, wie das ökologische Bewußtsein wächst. Unter dieser Perspektive nimmt die ganze Problematik mit der Toilette, den Müllgruben, dem System der Wiederverwertung und des Abfalls eine überaus magische Funktion an, zumal sie obendrein auch die universale Eigenschaft besitzt – ein allen bekanntes Geheimnis zu sein. Alle wissen, daß es Müllgruben, daß es den Abfall gibt – das ist allen bekannt, und alle beschäftigen sich damit, nichtsdestoweniger wird es von keinem thematisiert, von keinem beachtet, weshalb dieses Thema strukturell in den Bereich der Kunst fällt, das heißt in den Bereich eines allen bekannten Geheimnisses, eines öffentlichen Geheimnisses.

K. In diesem Zusammenhang muß ich jedoch an zwei Faktoren erinnern, die mit diesem Thema verbunden sind, und zwar: Das Auftauchen dieses Themas im Bereich der Kunst hängt in hohem Maß zusammen mit der Opposition von Form und Formlosigkeit, denn für unser Thema läßt sich bei diesem großen alten Problem – welche

Beziehung hat die Form zur Formlosigkeit? – die Frage klar entscheiden, daß die Formlosigkeit das Prinzip der Form dominiert. Der Kot erscheint in jeder Hinsicht als Masse, als Magma eines Vulkans, das heißt, es ist ein destrukturierendes Moment, das keinerlei Umwandlung kennt, nicht am Anfang und nicht am Ende. Das ist eine Seite der Angelegenheit, da ist aber noch eine andere interessante Sache. Eine große Rolle bei diesem Problem spielt der Magen, die richtig verarbeitende Station, wo diese Prozesse geformt werden, sein Funktionieren wird zentral für diese Prozesse. Denn es gibt keine richtige Kotausscheidung ohne diesen richtig funktionierenden Mechanismus. Doch was bedeutet richtiges Funktionieren? Wir geraten in die gleiche Situation wie beim phallischen Moment: richtige Zyklen, richtige Motive müssen das Verhalten dieses Gegenstandes bestimmen. Aber der Magen, verstanden als verarbeitender Mechanismus, arbeitet entweder richtig oder nicht richtig. Ein Mensch mit richtig arbeitendem Magen ist eine richtig funktionierende ökologische Maschine, über die zu sprechen sich nicht gehört. In dem neuen thematischen Kontext eröffnen sich zwei ganz unglaubliche Möglichkeiten – Müllgrube und Magen …

G. Ja, und die Formlosigkeit, von der du sprichst, ist mit der Ökologie auch aufs engste verknüpft. Denn die Ökologie versteht diesen Austausch, dieses Material rein immanent, da du vollkommen drinsteckst in diesem Prozeß, du kannst ihn nicht von außen betrachten. Dieser metabolische Prozeß, in den du völlig integriert bist, den kannst du nicht als Körper betrachten, in seinen Umrissen. Die Materie wird hier nur als unendliche Materie des Austausches verstanden. In diesem Sinne widerspricht das ökologische Bewußtsein dem traditionellen antiken gänzlich. Das heißt, im traditionell antiken Modell gibt es die Wahrnehmung des Kosmos, seiner Form. Das ökologische Bewußtsein verneint das. Hier bist du Teil eines körperlichen Organismus, der ungeformt ist in dem Sinne, daß du keinen Punkt außerhalb dieses Organismus innehast, von dem aus du ihn betrachten und überhaupt über seine Form sprechen könntest. Das ist immanente Materie, die keine Form hat, die sich nicht betrachtet läßt. Du steckst so total in ihr drin, daß du in ihr aufgegangen bist. Wir alle stecken in diesem Müll und sind selber Teil dieses Mülls. Kein Punkt, von dem aus er betrachtet werden könnte, seine Definition – diese Außenposition nicht zu haben, die Betrachtung seiner selbst nicht zuzulassen.

K. Geopolitisch gesprochen läßt sich feststellen, daß die Bewegung der russischen Massen im künstlerischen Raum ein gewisses Analogon des Prozesses der Bewegung von Müllbergen darstellt.

G. Ich muß sagen, daß deine Installation *Toilette* nicht formlos zu nennen ist ...

K. Erinnerst du dich? Irgendein Kritiker sagte, dies sei für ihn eine unerwartete Begegnung mit dem Konstruktivismus gewesen.

G. Ich würde es so sagen: Die Formlosigkeit existiert bei dir in dieser Arbeit auf der Ebene der Ideologie. Und in diesem Sinne ist die Formlosigkeit in dieser Arbeit als physisches Erleben weniger präsent als in vielen anderen deiner Arbeiten. Zum Beispiel vermitteln deine Arbeiten mit Textmassen in höherem Maß das Gefühl der ungeformten Masse, in der der Mensch versinkt, als diese Arbeit. Dieser Arbeit geht in Wirklichkeit die unendliche Perspektive völlig ab. Übrigens wurde diese Abwesenheit von den empfindsamen und an deine Kunst gewöhnten Betrachtern sofort bemerkt, und zwar als Mangel, als Fehlen ... Das heißt, diese Arbeit ist in Wirklichkeit sehr konstruktiv und läßt sich leicht lesen. Für mich war diese Arbeit ästhetisch ein Modell des Konstruierens von einem Ausstellungsraum ...

K. Obgleich sie freilich nach Inhalt und Absicht auf eine gewisse Schocksituation abzielen sollte, von der ich anfangs sprach, in Zusammenhang mit dem Übergang vom öffentlichen und anonymen Gegenstand zum intimen und persönlichen. Als ich die Besucher sah, die dort hineingingen – alle gingen wie aufs Klo. Es gab keinerlei Erwartung, was dort sein könnte, außer dem Gedanken, daß es mit den Künstlern und ihren künstlerischen Attakken bereits soweit gekommen ist, daß sie einfach eine Toilette mit Scheiße hinstellen. Dergestalt war die Bewegung bis zur Tür. Doch dann das Überschreiten der Türlinie, als sie in einen absolut privaten Raum gerieten, und nicht in ein Haus, wie es in der Ethnographie wäre, wo man sehen kann, wie die Inder oder die Afrikaner leben. Das wurde wahrgenommen, als ob du zum Nachbarn in die Wohnung gehst wegen Streichhölzern, der Nachbar aber gerade auf die Toilette gegangen oder einfach nicht da ist in diesem Moment, aber alles dir sagt, daß der Prozeß des Lebens dort absolut intakt und normal verläuft. Das heißt, es ist kein Museumszimmer, sondern ein richtig bewohntes.

G. Ich würde nicht sagen, daß es hier das Moment des Schocks gab. Es war ein anderer Effekt – der Effekt des Unerwarteten. Und das ist eine ganz andere Erfahrung. Schock – das sprengt dein Wertesystem, dein System von Orientierung im Leben. Das Unerwartete kommt sehr häufig oder fast in der Regel daher, daß dieses System dann bestätigt wird, wenn du es nicht erwartest. Zum Beispiel, du gehst durch die Wüste, kommst um die nächste Sanddüne herum und siehst plötzlich eine Straße, auf der ein Bus fährt. Das ist total unerwartet, aber es ist kein Schock. Es ist etwas Unerwartetes in der Art, daß es deine normale Vorstellung wiederherstellt, überall müßten Busse fahren. Obwohl du nicht erwartet hast, daß es in der gegebenen Situation geschieht. Ich würde sagen, der Effekt bei deiner Arbeit war der Effekt des Unerwarteten und nicht des Schocks. Das heißt, du bist in diese Toilette gegangen, um schockiert zu werden, im Wissen, daß der Künstler dich gerade mit etwas Scheußlichem schockieren wird, und als du in diese Toilette hineinkamst, um die

Düne herum, sahst du eine völlig normale Situation, die unerwartet die normale Vorstellung von der Welt bestätigte. Die Idee ist die, daß du, wohin auch immer du gehst, ungefähr das gleiche siehst. Wiederum hast du gedacht, du wirst sterben in den Dünen, da zeigt sich unerwartet, daß du fünf Dollar bezahlst und in einen Bus einsteigst. Mich hat das stark beeindruckt, und ich glaube, viele andere ebenfalls. Es ist das charakteristische Modell für Ausstellungspraxis überhaupt: Weil die »documenta« eröffnet wird, gehst du hin und denkst, daß du etwas Tolles zu sehen bekommst, in Wirklichkeit siehst du das gleiche wie auf jeder anderen Ausstellung – die gleichen Künstler, die gleichen Dinge in der gleichen Anordnung, und das ist das Unerwartete. Das heißt, dein Verlangen nach Nichttrivialem wurde betrogen, du bekommst statt dessen Banales. In Wirklichkeit ist dies das Funktionssystem des heutigen ästhetischen Erlebens. Der Schock ist der modernistische, avantgardistische Weg: Du läufst durch eine banale Stadt, und plötzlich siehst du ein »Schwarzes Quadrat«, und du stürzt in einen Abgrund, oder irgendein Besessener fällt dich an, das heißt, der Schock zeigt, daß diese Banalität in Wirklichkeit keine Banalität ist und dahinter Abgründe sich auftun, in die du stürzt. In unserem Kunstleben ist alles andersherum: Du gehst in der Erwartung, einen sich auftuenden Abgrund zu sehen, siehst aber immer das gleiche, und du bist verblüfft: In Wirklichkeit ist da gar kein Abgrund – und dieses Erstaunen macht den ästhetischen Effekt aus.

K. Damit bin ich vollkommen einverstanden. Doch bezieht man das alles auf die Diskussion über das Banale und das Extravagante in der Kunst, wirst du dich ein weiteres Mal davon überzeugen können, daß das Gebiet unserer Interessen, unserer äußerst spannenden Reisen, eben gerade im Bereich des Banalen liegt. Und nicht im Bereich »schwarzer Quadrate«.

(Übers. von Thomas Wiedling)

Noma

K. Wir versuchen jetzt über ein Phänomen zu sprechen, das sich »Noma« nennt oder »Moskauer konzeptualistischer Klub«. Interessanterweise bereitet mir die Erörterung dieses Themas einen unwahrscheinlichen psychischen Streß; weil es nicht um ein Phänomen geht, das leicht und einfach zu beschreiben wäre, sondern um etwas, das seine Aktualität noch nicht verloren hat, es ist immer noch lebendig und läßt sich nicht ausreichend vollständig von außen betrachten. Das Thema enthält für mich sehr viel Subjektives, viele psychologische Nuancen und überhaupt alles mögliche, was verhindert, daß ich objektiv und ruhig darüber sprechen kann. Trotzdem möchte ich gern ein paar Momente herausgreifen, die mir fundamental erscheinen und die den Begriff und seinen Ort in der Relation zu horizontal und vertikal gewissermaßen »benachbarten« Begriffen definieren. Das heißt ich möchte zeigen, welchen Ort dieser Begriff in der Zeit einnimmt und welchen Ort er unter den benachbarten Gruppen einnimmt.

Eine Besonderheit Nomas scheint mir, kurz gesagt, darin zu bestehen, daß es ein Phänomen nicht der Kunst, sondern vor allem der Kultur ist. Damit will ich sagen, daß in Noma Beziehungen und Probleme in Gang gesetzt wurden, die mit dem allgemeinen Zustand der Kultur zu jener Zeit zu tun hatten, aber auch mit jenen allgemeinen Begriffen von Kultur, die sich jeder einzelne Beteiligte gebildet hatte, das heißt, wie man die historische Ablösung kultureller Formationen verstand oder andere, ähnliche Dinge. Gegenstand der Erörterung waren natürlich auch Phänomene der Kunst, aber als untergeordnete oder eher illustrative im Verhältnis zu allgemeinkulturellen Problemen.

Das zweite, was mir in die Augen springt am Phänomen Noma ist, daß seine Natur im Grunde diskursiv war, dialogisch. Es handelt sich eigentlich um lauter »kleine Gespräche«. Dieses Genre geht zurück auf die Gespräche am Küchentisch, die immer ziemlich freien und aufrichtigen Charakter hatten. Sie wurden ununterbrochen geführt, und darum konnte man innerhalb einer bestimmten Zeit ein und denselben Problemkreis mehrmals berühren. Ein Kennzeichen dieses Diskurses, dieses ununterbrochenen Sprechens, dieser »kleinen Gespräche« ist ihre doppelte Ausrichtung.

Und zwar, wenn diese ganze Gruppe vorgestellt ist – die jetzige kurze Liste der an der Ausstellung in der Hamburger Kunsthalle Beteiligten ist natürlich eine unvollständige Auswahl, in Wirklichkeit war der Kreis erheblich größer –, werden wir zwei Tendenzen oder Intentionen dieser Gespräche beobachten. Die eine Tendenz ist zentripetal, die andere zentrifugal. Das heißt, wir erhalten sozusagen zwei Spiralen von entgegengesetzter Entwicklungsrichtung. Die eine Spirale ist tief ins Innere der Subjekte gerichtet und betrachtet ihre psychopathologischen Probleme und alle Evolutionen, die in ihren Persönlichkeiten vor sich gehen. Ich muß hinzufügen, daß praktisch alle an Noma Beteiligten ausgesprochen introvertiert sind und imstande, einen ziemlich vollständigen Diskurs über sich selbst zu führen. Die andere Spirale aber, die auch innere Probleme berührt, ist nach außen gerichtet, das heißt zentrifugal, sie versucht die inneren Probleme in den Kontext ziemlich umfassender historischer, kultureller und anderer Assoziationen einzufügen.

G. Du benutzt den Begriff »Noma«, den bekanntlich Pawel Pepperschtejn als Bezeichnung für den Kreis des Moskauer Konzeptualismus vorgeschlagen hat. Dieser Begriff war bewußt etwas zweideutig gewählt, denn man versteht nicht genau, ob es dabei um ein bestimmtes ästhetisches Programm geht oder eher um einen Kreis von Menschen, die einander durch freundschaftliche Beziehungen, die Ähnlichkeit ihrer sozialen Situation und die Gewohnheit der gemeinsamen Gespräche verbunden sind. Meinst du also mit Noma eine bestimmte ästhetische Richtung, das heißt die Anhänger eines bestimmten ästhetischen Programms? Wir kennen übrigens mindestens zwei Termini, die solche Programme beschreiben: Soz-Art und Moskauer Konzeptualismus. Oder meinst du einfach bestimmte Leute, ein Netz von persönlichen Beziehungen, das nicht unbedingt ästhetisch definiert ist?

Du verstehst, glaube ich, was ich meine; in unserem Bekanntenkreis (wir gehen davon aus, daß wir beide demselben Kreis angehören) waren auch Leute, die nicht auf der Liste der hier Vorgestellten sind, mit denen wir aber sehr freundschaftliche Beziehungen hatten und vieles diskutiert haben. Andererseits kann man sagen, daß es Autoren gab, die sowohl Konzeptualisten als auch Soz-Artisten waren, zu denen wir aber nicht diesen engen Kontakt hatten. Wo ist das Auswahlkriterium, und siehst du dieses Kriterium als formalästhetisches, oder siehst du es als kulturologisches, oder entscheidet das persönliche Verhalten? Wo ist diese Grenze?

K. Für mich ist das ziemlich klar. Mein Kriterium dafür, ob jemand zu Noma gehört oder nicht, ist seine Neigung zur unaufhörlichen allseitigen Erörterung jedes beliebigen Problems, wobei kein einziges Problem in sich unverändert bleibt. Der Unterschied zwischen einem Menschen des Noma und einem Menschen des Nicht-Noma besteht für mich in folgendem: sobald ich höre, wie jemand auf irgendeinem Begriff als einem nicht dem Diskurs, der Kritik unterworfenen, als einem vollständig festgelegten und nicht diskussionsfähigen besteht, streiche ich ihn innerlich sofort von dieser Liste. Bedingung der Zugehörigkeit zu Noma ist nicht die bloße innere Bereitschaft zum Gespräch, sondern eine bereits vorhandene umfangreiche Praxis der Erörterung beliebiger Umstände vom Standpunkt beliebiger anderer Umstände. Dieses Offenhalten von allem für alles und das Fehlen irgendeiner metaphysischen Starrheit und Unbeweglichkeit kennzeichnet praktisch alle an Noma Beteiligten, von

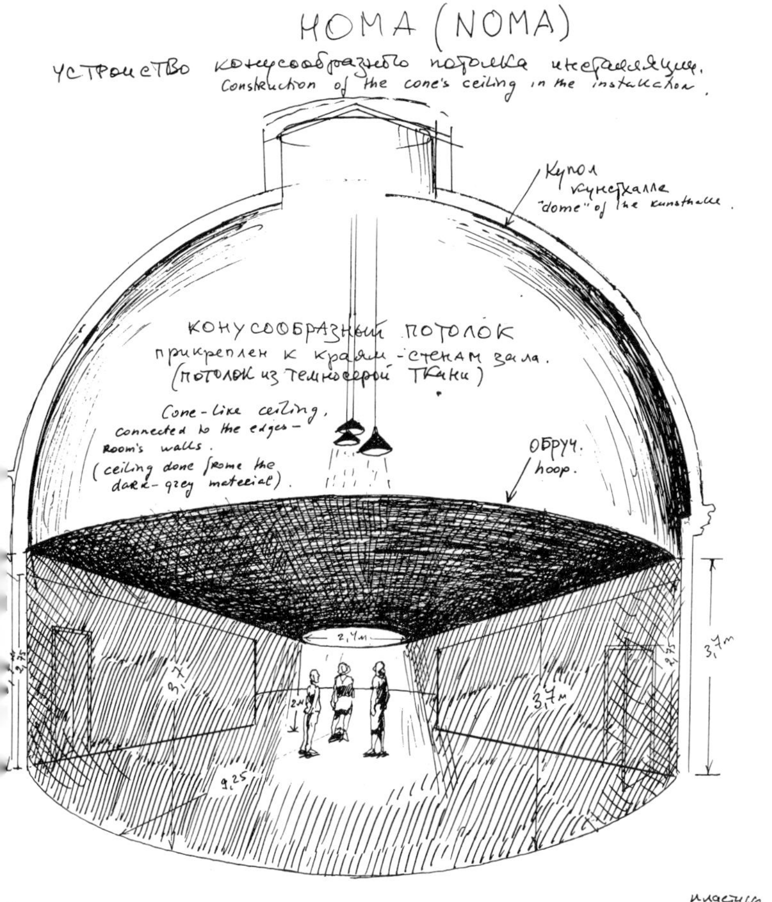

Installation »Noma«. Entwurf der Kuppelkonstruktion.
Kunsthalle Hamburg 1993

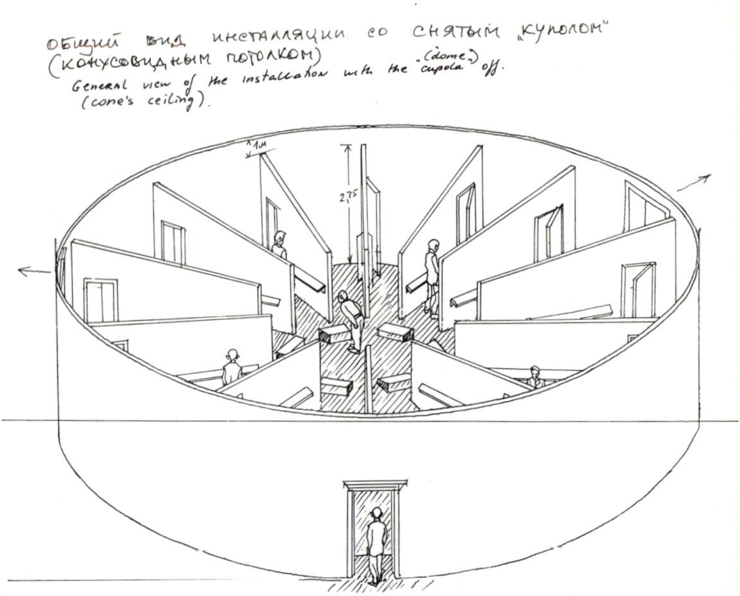
ОБЩИЙ ВИД ИНСТАЛЛЯЦИИ СО СНЯТЫМ „КУПОЛОМ“
(КОНУСОВИДНЫМ ПОТОЛКОМ)
General view of the installation with the "cupola" (dome) off.
(cone's ceiling).
1м
2,75

Innenraum

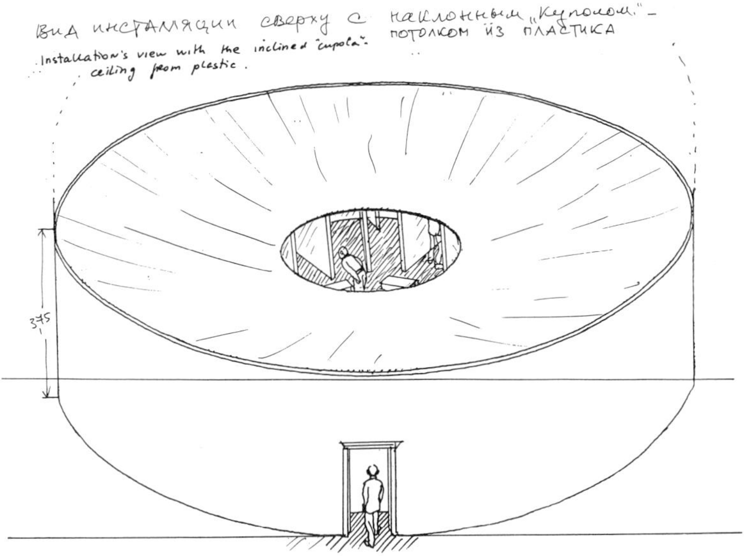

Abdeckung durch einen Plastikhimmel

D. Prigow, I. Kabakow, B. Groys (v. l. n. r.) in der Installation

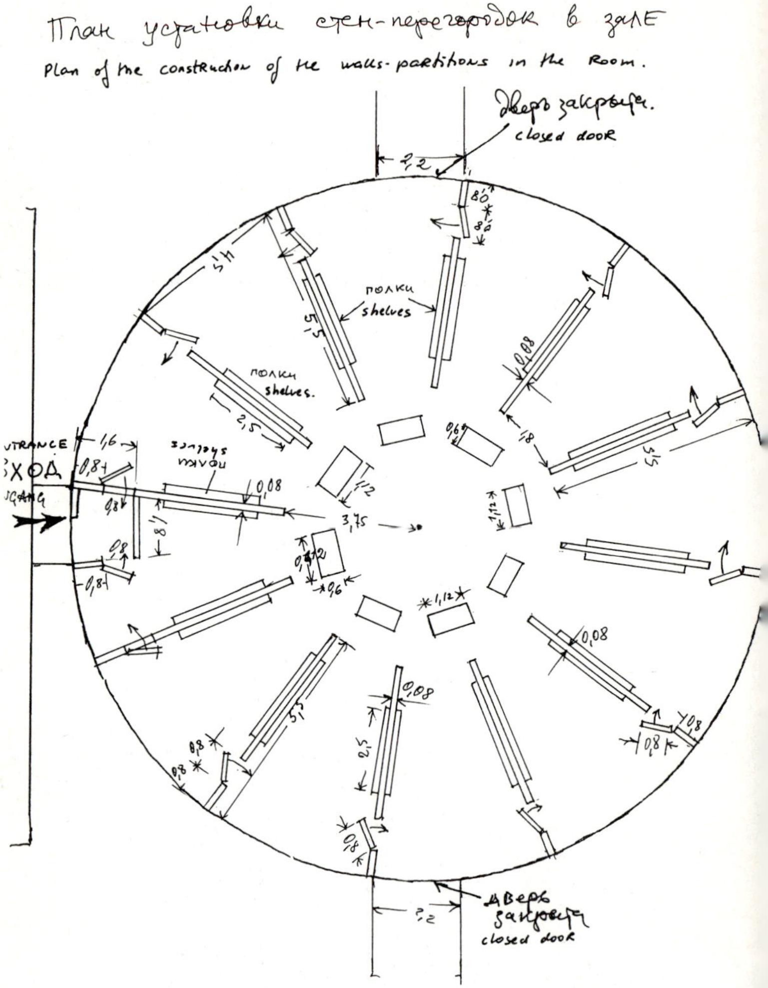

Planskizze der Raumaufteilung

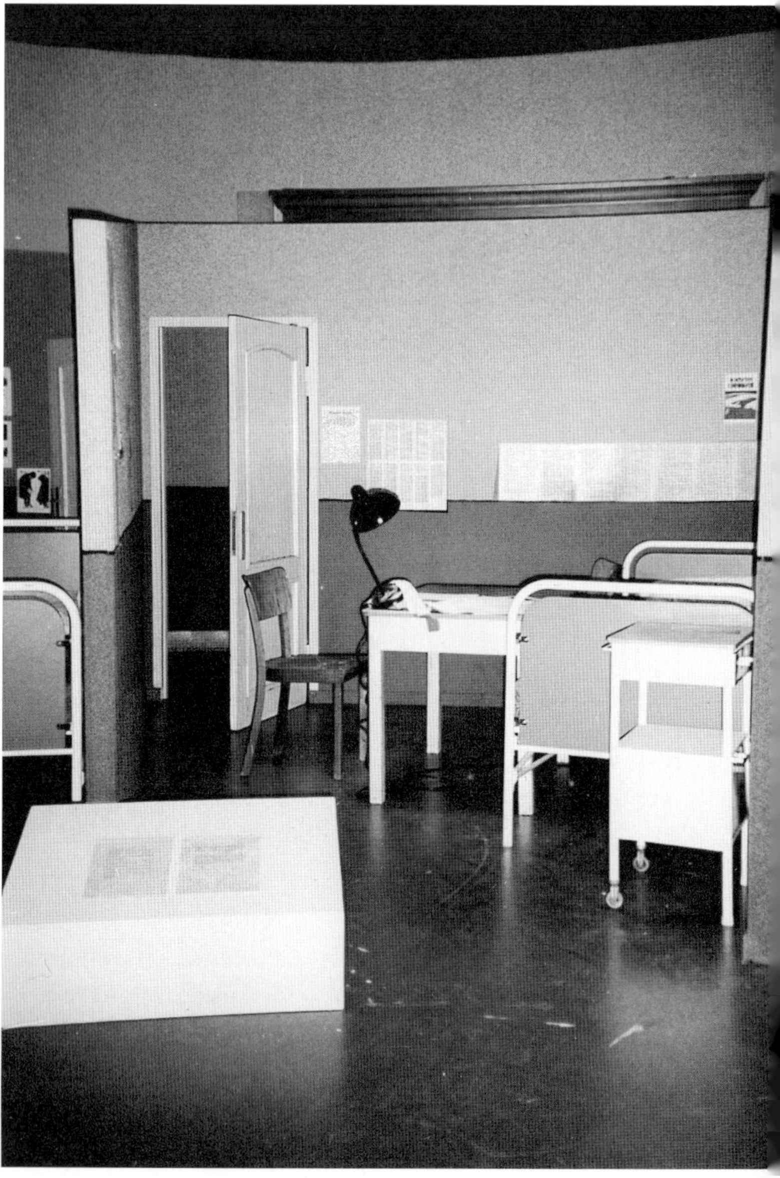

denen wir sprechen. Das bedeutet, kein Begriff ist mehr heilig und glänzt unbeweglich wie eine ewige Wahrheit – das gilt auch für die Malerei, die Kunst, die Literatur, die Sprache u. ä., sondern alles wird Teil eines Ganzen, in dem alles diesem ununterbrochenen Diskurs unterworfen ist.

G. Für dich entscheidet sich die Zugehörigkeit zu Noma folglich über den Prozeß einer totalen Reflexion, die alles erfaßt, alles relativiert, alles in Frage stellt, alles ironisiert, sich von allem distanzieren kann usw. Aber andererseits könnte man sich vorstellen, daß es selbst in der offiziellen Kultur Leute gab, die sich von allem distanzierten und alles erörterten. Oder gab es so etwas überhaupt nicht?

K. In meinem Leben habe ich solche Leute natürlich nicht getroffen, aber das heißt noch nichts, weil es sehr gut möglich ist, daß es solche Leute gab. Aber ich mache doch einen großen Unterschied zwischen einer totalen Erörterung oder einer totalen Kritik, die übrigens in allen Schichten unserer Gesellschaft ziemlich verbreitet ist ...

G. Eben!

K. ... und dem Diskurs des Noma. Kennzeichnend für diesen ununterbrochenen, permanenten Diskurs Nomas war, daß auf seiner Grundlage gerade außerordentlich positive und tragfähige Begriffe und Konstrukte entstanden, die, wie inzwischen schon bekannt ist, bestimmten Theorien und konkreten Werken zugrundeliegen, die sich als »unauflösbar« erwiesen. Das heißt, es bildete sich ein bestimmter Kreis von – vielleicht kann man sagen – Kunstwerken, die Resultat dieses Diskurses sind und die selbst nicht zerlegbar sind und damit der Ironie usw. nicht unterworfen. Das heißt, als Resultat dieses Diskurses ist etwas entstanden, das sein ziemlich objektives Substrat ist. Das heißt, es ist ein produktiver Diskurs.

G. Ich verstehe dich so, daß man sich einen Menschen vorstellen kann, der alles ironisiert, sich von allem distanziert und alles in Frage stellt, der jedoch diese seine Praxis nicht ästhetisiert, das heißt nicht als bestimmte, einzeln in der Reihe der Kunst und Kultur stehende Geste oder als irgendeine Position, die einen ästhetischen Sinn hat, wahrnimmt. Es braucht diese zusätzliche Reflexion eines solchen Verhaltens als einer bestimmten künstlerischen Praxis, damit wir von Noma sprechen können, weil, allgemein gesagt, Menschen, die an allem zweifeln, tatsächlich keine solche Seltenheit sind, aber sie verstehen das selbst natürlich nicht als künstlerischen Akt.

K. Ja, es ist etwas Interessantes passiert, das du jetzt gerade angesprochen hast: Die ästhetische Entdeckung Nomas besteht darin, daß im Prozeß dieses ununterbrochenen Diskurses alle Beteiligten ihre Beobachtungen gemacht und eines schönen Tages entdeckt haben, daß dieser Diskurs selbst – wie er gebaut ist, seine Struktur und seine Manöver – ein im ästhetischen Sinne ziemlich vollendetes künstlerisches Konstrukt darstellt. Das heißt, die Praxis dieser Gespräche selbst, die in ihrem Wesen analytisch sind, war als künstlerisches Produkt ein ziemlich vollendetes Ganzes mit allen Kennzeichen guter künstlerischer Form, sie war symmetrisch usw. – ich will jetzt nicht über ihre formale Struktur sprechen, aber sie war gut und deutlich durchgeformt.

G. Meinst du, daß ein solches Herangehen universal ist, oder meinst du, es ist nur einer von vielen Stilen, eine unter vielen anderen Richtungen? Heute sagen viele in Rußland, der Konzeptualismus ist tot, man muß neue, schöne Dinge schaffen, nach einer neuen Schönheit streben ...

K. Mein Verhältnis zu dieser hinter uns liegenden Arbeit ist bestimmt von Begeisterung und ohne jede Skepsis, ich sehe in ihr keinesfalls eine Möglichkeit unter vielen anderen ästhetischen Möglichkeiten oder einen Stil unter anderen Stilen. Für mich ist sie eine neue Art der Praxis, die einige völlig neue Möglichkeiten sowohl für die künstlerische Produktion als auch für den Diskurs eröffnet. Das würde ich den Übergang von festen Formen mit Namen wie »Objekt«, »Bild«, »Zeichnung«, »Skulptur« und sogar »Installation« in eine Qualität nennen, die man als »künstlerisches Feld« oder »künstlerischen Raum« bezeichnen könnte.

Dieser Begriff meint ein Phänomen, das überaus verwaschene und problematische Grenzen zum nichtkünstlerischen Raum hat. Die Ränder sind eine der wichtigsten konstitutiven Komponenten des künstlerischen Gegenstandes, denn was sonst, wenn nicht die Ränder, bestimmt seine innere Struktur? Mehr noch, eine Struktur ohne Ränder ist vom Standpunkt der klassischen Ästhetik undenkbar – ohne Grenzlinie läßt sich nicht bestimmen, wo das Profane liegt und wo das Exklusive, wo das Leben und wo die Kunst, wo das Kunstwerk endet und wo einfach Leere beginnt.

Aber ich denke, daß wir mit unserem Thema auf ein Phänomen stoßen, das man ein »Feld mit undefinierten Rändern« nennen könnte, das nichtkünstlerische, nichtästhetisierte, profane usw. Erscheinungen außerordentlich lebendig und aktiv in sich aufnimmt, ohne sie sofort in eine künstlerische Form zu verarbeiten. Du verstehst, wovon ich jetzt spreche: Wir treffen auf ein völlig neues Phänomen in der künstlerischen Praxis, wo die Künstler und überhaupt die an diesem Phänomen Beteiligten die Vollendung hinsichtlich des von ihnen doch ziemlich deutlich reflektierten künstlerischen Objekts, mit dem sie manipulieren, weder in der Zeit noch im Raum beabsichtigen.

G. Das heißt, du meinst, es entsteht eine gewisse Totalität der künstlerischen Geste?

K. Ich würde sagen, eine außerordentlich gesteigerte Aktivität in den wechselseitigen Beziehungen zwischen dem ästhetischen Objekt und seiner Umgebung, ohne notwendige Konturierung des einen wie des anderen. Damit vergrößert sich die Aktivität und ununterbrochene Aufnahmefähigkeit des Diskurses selbst. In einigen seiner Varianten ist er absolut ästhetisch und sehr reflektiert. In anderen seiner Rand- und vielleicht inneren Formen ist er frei von ästhetischen Effekten. Das heißt, die Ästhetik tritt hier als eine von vielen changierenden Möglichkeiten auf. Mehr noch, das ist ein Pulsieren, durch das natürlich weder der Künstler noch der Betrachter den Entstehungsmoment eines künstlerischen Objekts festmachen kann. Diese Beständigkeit der gegenseitigen Einwirkungen, die in Abhängigkeit von unserem Blick funktionieren, macht es Noma unmöglich, sich einem unabhängigen Betrachter auch nur von irgendeiner Seite zu zeigen. Du siehst, daß der Diskurs seinem Wesen nach nicht-ästhetisch ist. Wenn wir sagen, daß er irgendeine Form annimmt, dann erscheint vor unseren Augen ein völlig anderer Diskurs, der dennoch ein und derselbe bleibt.

G. Und du hast das Gefühl, daß, was die russische Kultur jener Zeit betrifft, deine Auswahl von Künstlern des Noma mehr oder weniger diesem von dir formulierten Kriterium entspricht?

K. Ich glaube ja. Das war natürlich eine intuitive Wahl, es gibt keine wissenschaftliche Auslese. Ich habe mich nur an der Produktivität orientiert, der gleichbleibenden Produktivität der an Noma Beteiligten. Die gleichbleibende Produktivität kann man auch analysieren – worin sie gründet. Ich habe den Eindruck, daß jeder der an Noma Beteiligten diesem Prinzip des Changierens genügt, das bewirkt, daß wir nicht alle Parameter, alle Komponenten dieses Diskurses auf etwas ein für alle Mal Bestimmtes festlegen können. Ein Dreieck wie Kunstwerk, Künstler und Betrachter zum Beispiel – wir sehen, daß sie in Noma changieren, eines ständig an die Stelle des anderen tritt. Natürlich hat uns die langjährige intensive Kommunikation ermöglicht, einen Autor herauszubilden, der den Leser wunderbar versteht, einen Leser, der im Autor selbst gut dargestellt und personifiziert ist, und ein Werk, das beide auf die gleiche Weise verstehen. Das heißt, beide verstehen es als Gegenstand des Diskurses. Keiner der an Noma Beteiligten kann zum anderen sagen: »Was hast du denn hier gezeichnet? Das verstehe ich nicht!« Weil die Worte »verstehen« und »nicht verstehen« schon durch den Umgang mit dem Gegenstand – wozu auch seine Verfertigung gehört – selbst aufgehoben werden. Ich erinnere mich an deine Analyse, daß heute der Hersteller auch der Abnehmer ist, was in Anwendung auf die an Noma Beteiligten absolut axiomatisch ist.

G. Jaja, speziell bei dir ist der Unterschied zwischen Künstler und Kritiker sehr gezielt verwischt; du stellst auf einer Ebene sowohl Kritiker vor, zum Beispiel Bakstein und mich, als auch Künstler, Schriftsteller, die übrigens alle auch als Interpreten ihrer eigenen und fremden Arbeiten auftreten – das gilt für die Medizinischen Hermeneuten wie auch für Lejderman oder Monastyrskij.

Aber es gibt noch eine Überlegung, die mir sehr wichtig erscheint für diese Installation. All deine bisherigen Arbeiten – mit vielleicht einer Ausnahme – arbeiten mit deinem Alter ego: mit Personen, die gewissermaßen Verfremdungen deiner selbst sind. Ich denke, diese ist die erste deiner Arbeiten, die zwar visuell, strukturell und ästhetisch all deinen anderen Installationen ähnelt, aber nicht mit verfremdeten Formen deiner selbst arbeitet, sondern mit den realen Figuren der Bewohner Nomas – deiner Freunde. Daher stellt sich die Frage: Sind sie dein Alter ego? Das heißt, figurieren sie hier als ebensolche Doppelgänger deiner selbst, wie auch deine gewöhnlichen Helden, die du erfunden hast, und wenn das so ist, heißt das nicht, daß der Prozeß der totalen Reflexion für dich zugleich ein Prozeß der totalen Entindividualisierung ist?

Dann gehen sich die Bewohner Nomas infolge der Totalität ihrer Reflexionen selbst verloren, sie werden untereinander austauschbar: jeder wird zum Alter ego des anderen. Sie verlieren jene individuellen ästhetischen oder stilistischen oder beliebigen sonstigen Eigenschaften, die im Prinzip den gewöhnlichen Unterschied zwischen gewöhnlichen Leuten ausmachen – der eine ist so veranlagt, der andere so. Nicht nur der Unterschied zwischen der ästhetischen und der nicht-ästhetischen Sphäre geht verloren, sondern in gewissem Sinne auch der Unterschied zwischen Individuellem und Nicht-Individuellem, zwischen rein Subjektivem und Allgemeinem.

K. Hier muß ich sagen, daß diese Installation keineswegs die dokumentarische oder wissenschaftliche Darstellung einer Gruppe von Individuen leisten soll, deren jedes selbst ein ganzes System darstellt, ein ganzes Universum von künstlerischen, seelischen und allen möglichen sonstigen Problemen. Ihre Aufgabe ist eine völlig andere. Vor allem der Hinweis darauf, daß dieser Freundeskreis, diese Gruppe historisch betrachtet den Charakter eines geheimen und offensichtlich sehr entwickelten Zirkels hat, einer Art Geheimorden, wenn du so willst, der an andere ähnliche Orden erinnert, für die es zahlreiche Beispiele in der Geschichte gibt. Das heißt, das ist ein Kreis von Leuten, die einander schon in den kleinsten Andeutungen verstehen und die im Laufe einer sehr langen Zeit des Kontakts, ohne einander überdrüssig zu werden, ziemlich präzise Termini, eine eigene Sprache, ein Kommunikationssystem, eine eigene Syntax usw. ausgebildet haben. Die Installation soll uns in die Geschichte einführen, ehe die Geschichte das selbst, und womöglich auf die ungeschickteste Weise, tut (noch schlimmer ist die Vorstellung, daß sie es vielleicht überhaupt nicht tun wird), sie ist der Versuch, die Geschichte in ihrem langsamen Lauf zu überholen, eine frühe Mythologisierung jenes Phänomens zu leisten, das auf natürliche Weise noch nicht formuliert werden konnte.

Wir wissen, daß es in unserem Jahrhundert ziemlich einflußreiche und geachtete Gruppen gegeben hat wie etwa Fluxus, wie die Surrealisten, die Kubisten usw. Ich bin zutiefst überzeugt – und nicht nur, weil wir alle Freunde sind und uns mögen –, daß von der Bedeutung Nomas und von den Problemen her, die wir bearbeitet haben, aller Grund besteht, uns mit diesen Gruppen in eine Reihe zu stellen. Die Mythologisierung dieses Phänomens, eine Installation, die die Atmosphäre vermittelt, in der sich all das entwickelt hat, das ist es, was mir vorschwebt.

Darum hat die individuelle Präsentation der an Noma Beteiligten in dieser Installation keinen Platz. Ich weise einfach auf ein paar Elemente hin, auf ein paar Gegenstände, auf ein paar blasse Photographien ... Zugrunde liegt dem ganzen aber die Gleichartigkeit einiger visueller Phänomene, das, was die einzelnen Gruppenmitglieder einander annähert, besonders die Menge von maschinengeschriebenen Texten – sie schreiben alle – und auch ein bestimmtes Verhältnis zu ihren Objekten als nachlässigen und ziemlich schlecht ästhetisierten, eine bestimmte Zahl von fundamentalen Termini und irgendwelchen sich ständig wiederholenden Figuren. Ja, das Moment der Gemeinsamkeiten und der Nähe wird hier stärker akzentuiert als die Unterschiede und die Individuation.

G. Das heißt ja, du unterstreichst das, was alle Personen verbindet ...

K. Ja, aber das ist auch die Grundlage des Mythos. Natürlich, zum Mythos gehört auch eine andere Seite, und zwar die Untersuchung der inneren Struktur: Wer hat welche Rolle gespielt, wer hat welche Situation für sich entschieden ...? Ich muß sagen, ich kenne diese Gesetze, ich weiß, daß jede Gruppe sofort eine innere hierarchische Struktur herausbildet. Aber mir war eine solche Differenzierung innerhalb Nomas zutiefst unsympathisch, weil ich selbst subjektiv mein Leben lang bei dieser Gruppe das Gefühl einer extremen – wenn man so sagen kann – Demokratie und Gleichheit hatte. Es gab nicht die Trennung in Zuhörer und Redende oder, so scheint es mir zumindest, in Entdecker und Adepten. Das war eine ständig auf allen Ebenen und in jedem Beteiligten stattfindende ununterbrochene und freie Erörterung.

G. Ja, aber viele könnten gerade diese deine Installation in Hamburg, grob gesagt, als Versuch werten, das gesamte Noma unter dir niederzudrücken, dich selbst als neuen Demiurgen darzustellen und die anderen Künstler Nomas als dein bloßes Alter ego oder als Emanationen deiner eigenen künstlerischen Position, womit sie bis zu einem gewissen Grade fiktive Personen werden, Teil des Spiels deiner eigenen Phantasie.

K. Borja, ich bin mir dieser Gefahr vollkommen bewußt, ich weiß, diese Gefahr ist geradezu tödlich, weil sie faktisch als künstlerischer und moralischer Terror gegenüber jedem Künstler auftritt. Aber ich muß dazu sagen: Ich messe, und du weißt das, solchen Formen des Terrors keinerlei ernsthafte Bedeutung bei. In Wirklichkeit messen wir nie dem eine Bedeutung zu, was ein anderer über uns sagt: Und es hat auch keine Bedeutung, wenn wir in unseren Erinnerungen etwas über einen anderen schreiben – was weiß ich: »Dieser hat einen nassen Bindfaden verschluckt, und jener war ein Schwein.«

Die heutige Desavouierung hat einen Grad erreicht, daß wir in voller Überzeugung sagen können, was wir wollen, und trotzdem glaubt man uns nicht. Obwohl elf Personen diese Installation machen, werde ich sie so beleuchten, daß es dunkel bleibt, und alle wunderbaren Texte meiner Freunde werden entweder schlecht zu sehen sein oder lädiert aussehen, und all das wird man einem Bösewicht zuschreiben, der sie alle diskreditieren wollte. Aber ich denke, daß ein zurechnungsfähiger Betrachter die Relativität jedes solchen Vorwurfs versteht. Mehr noch: Selbst wenn ich diese Absicht hatte – wer garantiert mir für mein Unbewußtes? –, dann bezieht das ein normaler Betrachter auch ausschließlich auf die Psychosen und Neurosen meiner konkreten Person. Ich denke, hier rettet uns eine nüchterne Distanz und Ironie gegenüber jedem Kunstwerk und dem, der es geschaffen hat. Wir haben ja auch ein ironisches Verhältnis zu jeder Erinnerung!

G. Ich möchte jetzt einfach die Fragen klären, die sowieso alle stellen werden. Also, mich interessiert deine persönliche Beziehung zu den anderen Mitgliedern Nomas. Ist deine Beziehung zu ihnen die zu Doppelgängern deiner selbst? Hast du das Gefühl einer solchen Austauschbarkeit in dem einen allgemeinen, alles reduzierenden Diskurs? Oder nicht? Wie ist dein eigenes Gefühl?

K. Genauso, wie das im Leben war. Ich muß zugeben, daß, obwohl ich wußte, daß sie alle liebe, intelligente Leute sind, jeder irgendwelche privaten Interessen hat, der eine mag Fußball, der andere etwas anderes, aber mir hat dieses Wissen irgendwie nichts gebracht. Ich kann sagen, für mich war das Wertvollste an den Beziehungen unter den Noma-Leuten der Diskurs. Diese vielen Kontakte und die ununterbrochene Beteiligung am Dialog waren für mich das Maximum dessen, wovon ich überhaupt träumen konnte, was sich ein Mensch überhaupt erhoffen kann. Das war, wenn man so sagen kann, die absolut ideale Form idealer Beziehungen – einen Menschen vor mir zu haben, mit dem ich auf jeder Ebene reden konnte und vor allem auf der Ebene der allgemeinen kulturellen Problematik, und der sich niemals zu Sätzen herabbegab wie »Wo hast du denn diese Tasse her?« oder »Wann fahren wir mal weg?«. Nicht mit dem realen Menschen zu tun zu haben – das war mir unendlich teuer ...

G. Und du hattest nicht mit den realen Menschen zu tun, nein?

K. Mehr noch, ich wollte es auch gar nicht.

G. Was ist das bei dir, ist das Narzißmus, der dazu führt, daß du in allen anderen Leuten das Abbild der eigenen Probleme siehst, oder ist es umgekehrt die Auflösung in einem anonymen Strom – oder ist all das im Grunde ein und dasselbe?

K. Ich glaube nicht, daß man das als Narzißmus beschreiben kann, weil ich aus der Betrachtung meiner Gedanken überhaupt keinen Genuß gezogen habe. Das war gewissermaßen ein einziges ausführliches, ununterbrochenes Fragen, in dem ich die Menschen sah, die mir imponierten und die denselben Unsicherheits- oder Minderwertigkeitskomplex hatten wie ich selbst.

Es ist so, daß ich mir – und wir haben darüber viele Male gesprochen – das Kunst-Machen ohne eine Etappe des Lesens, des Anschauens und der Reflexion durch einen anderen Menschen nicht vorstellen kann. Für mich war die Möglichkeit eines tiefen Versenkens in mich selbst offenbar nicht die letzte Grenze. Mir war es wichtig, noch irgend jemanden zu hören zu der Sache, die ich mache, und zu mir selbst auch.

G. Du sagst »irgend jemand«, aber ich glaube, daß es zu unterschiedlichen Zeiten, in unterschiedlichen Epochen wahrscheinlich viele reflektierende und sogar diese Reflexion in Kunst verwandelnde Leute gegeben hat. Trotzdem ist Noma ein ziemlich spezifisches soziologisches Phänomen in dem Sinne, daß es von seiner Zeit diktiert war. Von einer Zeit, die durchaus klar abgegrenzt ist, deren Beginn so etwa Anfang der siebziger Jahre liegt. Hast du eine Theorie, warum gerade Anfang der siebziger Jahre?

K. Ja. Bis zum Anfang der siebziger Jahre lebten wir in einem unwahrscheinlich komfortablen Klima, wo jede Form der Kritik abgeblockt war, denn die inoffizielle Kunst war selbst das Produkt der Kritik am offiziellen Leben. Wie kann man kritisieren, was man liebt, und das, was schon die Alternative zu allem Offiziellen ist, wie kann man es reflektieren und kritisch betrachten? In den siebziger Jahren ist plötzlich eine Gruppe aufgetaucht, die sich zu dieser Reflexion entschlossen hat. Nicht, um etwas Konkretes zu analysieren, sondern um praktisch alles einer bestimmten Analyse zu unterziehen.

G. Aber die Analyse war meines Erachtens nicht besonders kritisch, nicht scharf!

K. Ich denke, daß diese Analyse fällig war, und es war sehr wichtig zu begreifen, von welchem Standpunkt diese Analyse, diese Kritik unternommen werden sollte, von welcher Flanke die Kritik ausgehen sollte. Es gab für jeden der Beteiligten einige Möglichkeiten, diesen Diskurs zu beginnen. Es gab vor allem die nächstliegende Möglichkeit – die der ästhetischen Kritik. So etwas ist verständlich: »Das ist nicht besonders gut gemacht, das ist nicht interessant«, das heißt, es gibt Fehler formaler Art usw. Es gab die Möglichkeit der psychologischen Kritik: »Das ist ein unangenehmer Mensch, er gefällt mir nicht, das ist eine falsche Tendenz.«

Aber interessanterweise ging Noma in eine ganz andere kritische Richtung. Das war der allgemein kulturologische Weg, das heißt die Kulturkritik. Zum ersten Mal erschien eine Gruppe von Personen, die praktisch alles, was sich tat, vom Standpunkt bestimmter kultureller Strukturen aus zu beobachten begann. In den siebziger Jahren vollzog sich, wie du weißt, der Übergang von mythologischen Vorstellungen von der Welt zur beharrlichen Wahrnehmung und Betrachtung, in unserem Fall jener sozialen sowjetischen Wirklichkeit, die uns umgab.

G. Das heißt der Übergang von der mythologischen zur kritischen Aufmerksamkeit?

K. Ja. Das war ein sehr wichtiger Punkt. Wir hatten uns klargemacht, daß wir alle Sowjetmenschen sind, daß wir krank sind, daß wir schizophren, gespalten sind. Wir haben akzeptiert, daß unsere Identität eben in jener Reflexion liegt, die die Unterspülung unseres formalen sowjetischen Lebens ist. Unsere Identität bestand im Grunde aus der ununterbrochenen Kritik. Das war eine permanente Kritik, und wir waren in dem Maße wir selbst, wie wir ununterbrochen diskutierten.

G. Vielleicht war dieser Übergang mit dem Gefühl eines Privilegienverlustes verbunden. Immerhin gab es auch in der inoffiziellen Kultur das Streben nach einer bestimmten Art von Privilegien: denen des Zugangs zur Wahrheit. Das gesamte alternative Privilegiensystem, das in den fünfziger und sechziger Jahren nach dem Vorbild der offiziellen sowjetischen Privilegien geschaffen worden war, gründete im Glauben an den Besitz einer den anderen verborgenen Wahrheit.

K. Ja, wenn du dich erinnerst, es gab sowohl in Leningrad als auch in Moskau von der Mitte der sechziger Jahre bis zur Mitte der siebziger Jahre eine Art Überflutung, ein Aufgehen der Himmel und Ausgießen irgendwelcher metaphysischen Gefühle, Entdeckungen und Visionen, die buchstäblich auf jeden künstlerischen oder nichtkünstlerischen Kopf niedergingen. Du erinnerst dich, welche Mengen an religiöser Literatur plötzlich erschienen.

G. Was übrigens nicht schlecht war, wie mir heute scheint. Und weißt du warum? In den fünfziger und sechziger Jahren gab es eine starke Orientierung am Westen, die schließlich zu dem Gefühl einer großen Provinzialität und dem Verlust des Selbstvertrauens führte. Und ich glaube, daß diese religiöse Welle insgesamt auf den Gedanken hinauslief: »Sollen sie doch alle zum Teufel gehen, sollen sie machen, was sie wollen, die göttliche Wahrheit eröffnet sich mir persönlich an genau dem Ort, wo ich mich befinde. Es ist nicht wichtig, ob ich auf dem Dachboden oder im Keller wohne, ich bin einfach hier, unabhängig von allen Moden, von der gesamten kulturellen Situation, ich kann einen unmittelbaren Zugang zur Wahrheit haben.« Und das war tatsächlich ein sehr wichtiges Moment der Emanzipation von sozialen, äußeren, darunter auch westlichen und östlichen Faktoren.

Dann, als die Skepsis anfing, war das auch eine universale Skepsis, und das Universale dieser Skepsis war in Wirklichkeit eine Funktion des Universalen dieser Ausgangswahrheit. Ich denke, daß Leute wie Schwarzman oder Schiffers eine große und positive Rolle in dem Sinn gespielt haben, daß sie die Aufmerksamkeit von der Frage, wie ich mich in irgendwelche Strukturen integriere usw., auf die Frage lenkten, wie ich mich als Individuum, vollkommen einzeln, isoliert usw., zur Welt als solcher ins Verhältnis setze. Das heißt, sie spielten die Rolle von Vermittlern einer Art von Personalisierung, Individualisierung. Glaubst du das nicht?

K. Doch. Ich möchte nur hinzufügen, daß diese künstlerische Arbeit, der alle nachgingen (das heißt, der Schriftsteller schrieb Bücher, und der Künstler malte Bilder), daß diese Arbeit das Vordringen in diese Dimensionen auf sonderbare Weise unterstützte. Die inoffizielle Kunst unterschied sich von der offiziellen dadurch, daß sie sich die Frage stellte: »Wozu zeichne ich, warum zeichne ich so, wie ich zeichne, was bedeutet der Punkt, was bedeutet der Klecks?« – während die offizielle Kunst traditionelle Kunst war und solche Fragen nicht stellen konnte. Diese zunächst werkbezogenen Fragen führten dann auch zu ontologischen Fragen: »Was ist der Grund des Erscheinens meiner Bilder? Wofür lebe ich überhaupt?« Das heißt, die künstlerische Arbeit wurde zu einer Art geistiger Übung oder, hochtrabend gesagt, zu einer Reise in ein Land, wo ich erfahren muß, wer ich bin, wie ich heiße und was ich tun muß. Eine gewisse Inbrunst und Hingabe an die künstlerische Arbeit erklärt sich weniger durch irgendwelche kommerziellen Ambitionen – du weißt, es wurde nichts verkauft und nichts ausgestellt – als durch die eigene Praxis dieses – wenn du so willst – geistigen »Tuns«, das jedem Bild zugrunde lag.

G. Aber glaubst du denn nicht, daß soziologisch die Entstehung Nomas nicht nur mit der Kritik des religiösen Fundamentalismus in der russischen Kunst jener Zeit zusammenhängt, sondern auch mit einem bestimmten Anspruch Breschnews? Nun hat Rußland endlich Weltgeltung erlangt, diese Weltgeltung gefestigt, ist zum Weltreich geworden, hat abschreckende Streitkräfte aufgebaut usw. Das heißt, daß Noma mit dem imperialen Geist der siebziger Jahre zu tun hat, der offiziell Endgültigkeit und Vollendung beanspruchte?

K. Ich denke, ja, ich bin sogar überzeugt, daß das so ist, weil alle Erörterungen und Begegnungen tatsächlich unter dem Zeichen der völligen Universalität stattfanden, der völligen, totalen Vollendung von etwas. Wir alle lebten unter dem Zeichen des »Totalen«. Dieses unselige Wort »total« ... Wir betrachteten viele Begriffe als zeitlich nicht gebundene, sondern als ein für alle Mal entstandene und gefestigte; aus diesen Begriffen war gewissermaßen ein ganzes Himmelsgewölbe gewebt. Wir sahen das Bewußtsein als allgemeines, universales, einheitliches Bewußtsein und keineswegs als unser historisches Bewußtsein. Und das Gefühl, daß das für alle Zeiten gilt, hat natürlich mit der Überzeugung zu tun, daß sich das »Tausendjährige Reich« der Sowjetmacht etabliert hat und keinerlei Veränderung mehr unterliegen wird.

G. Dann gab es nicht das Gefühl, daß »alles fließt«?

K. Natürlich nicht. Alles war bestimmt von der vollkommenen Unbeweglichkeit des Kosmos.

Aber das Ganze hatte auch seine Kehrseite – du weißt, daß in den siebziger Jahren wie in der Zeit davor eine Atmosphäre der Angst herrschte. Ich muß sagen, daß ich mich in meinem Kreis an niemanden erinnern kann, der keine Angst gehabt hätte, der womöglich gekämpft hätte oder hätte sagen wollen, er habe keine Angst. Alle Bewohner dieser kleinen Welt reagierten auf die damaligen Ereignisse mehr oder weniger stark mit Phobien und Streß. So entwickelte sich die Reflexion eben aus diesem Ekel vor dem Ungeheuer, das man weder erschlagen noch von der Stelle rücken konnte. Als die Sowjetunion andere Länder überfiel, nahmen wir das, ich erinnere mich jetzt, mit einer Geste der Verzweiflung auf, mit tiefem Pessimismus, mit dem Ekel vor etwas, das sich nicht abwenden oder verändern ließ. Für mich und auch für viele von uns war die Sowjetmacht nicht ein soziales und noch weniger ein personengebundenes, sondern ein absolut klimatisches Phänomen. Als ob du in einer Zone ständigen Regens lebtest, wie am Mississippi, bis zum Gürtel im Wasser, und das über Jahrzehnte hinweg.

Ich denke, die soziale Hoffnungslosigkeit ist ein äußerst wichtiger Hintergrund für das Funktionieren von Noma, daraus folgt sein asozialer Charakter, das völlige Fehlen irgendwelcher politischer Interessen, die völlige Hoffnungslosigkeit und das skeptische Verhältnis zu jedem sozialen Ausdruck, die Ablehnung aller möglichen Proteste usw.

G. Weißt du, es scheint mir sehr wichtig, daß Noma aus Leuten bestand, bei denen die Figur des Konsumenten politisch, soziologisch und kulturell mit der Figur des Produzenten zusammenfiel, und das erzeugte bestimmte besondere Beziehungen unter den Beteiligten.

Diese Situation unterscheidet sich schroff von der gewöhnlichen kulturellen Situation, wo der Konsument nicht zugleich auch Produzent ist. Gewöhnlich hast du es mit Leuten zu tun, die selbst nicht diese Erfahrung haben, die du hast, denn für jeden, der schreibt oder zeichnet oder ich weiß nicht was sonst noch tut, ist die wichtigste Erfahrung im Leben trotz allem dieses Schreiben oder Zeichen und nicht die Themen, die er damit berührt. Und gerade diese Erfahrung fehlt gewöhnlich dem Konsumenten – dem Leser oder Betrachter. In gewissem Sinne war die Situation Nomas buchstäblich dieselbe, wie in der griechischen Polis oder wie im Frankreich des 18. Jahrhunderts, als alle, die lasen, auch schrieben, oder alle, die zuhörten, auch selbst auftraten. Aber das ist eine historisch extrem seltene Situation.

K. Wunderbar, das ist sehr genau und überzeugend, ich habe uns ja in Gedanken mit analogen Gruppierungen unseres Jahrhunderts verglichen, insbesondere mit Fluxus und den Surrealisten. Obwohl sie viel innerhalb ihres geschlossenen Kreises veranstaltet haben und die Künstler ziemlich engen Kontakt untereinander hatten, war ihre Hauptaktionsrichtung und ihr Hauptadressat doch ganz offensichtlich das außenstehende Publikum. Skandalöse Auftritte und verschiedene Formen der unerwarteten Aktionen gehörten darum unbedingt dazu.

Die Wirkung von Fluxus basierte darauf, daß die Leute, aus der alltäglichen Perspektive betrachtet, unendlich sonderbar auftraten. Die Anwesenheit der anderen, die »nicht wissen«, spielte eine große Rolle. Der Surrealismus funktionierte nach demselben Prinzip; die Sonderbarkeiten, die denen natürlich erschienen, die die Ideen dieser Gruppe teilten, mußten Betrachter verblüffen, die es erstaunte, wenn beispielsweise auf dem Kopf eines Menschen eine Giraffe saß. Ich denke, daß zahlreiche surrealistische Arbeiten einfach nicht entstanden wären, wenn sie nur für die Freunde gemacht worden wären, die ohnehin wußten, daß auf dem Kopf eine Giraffe sitzt. Die Freude darüber, daß die Kunstwelt und das Publikum zusammenzucken, weil die Giraffe brennt, war zweifellos eines der wichtigsten Motive.

In Noma dagegen hatte diese »Giraffe« keinen Platz. Bei Noma wollte niemand irgend jemanden erstaunen. Das war ein Kreis ohne Außenstehende.

G. Das ist wirklich ein ziemlich einmaliges Zusammentreffen von Produktion und Konsum. Eigentlich wie der Traum des Kommunismus ...

K. Ja, ja, genau. Und daraus entstehen sehr viele Fragen. Zum Beispiel, muß in dieser Situation nicht jede Produktivität erlöschen, da sie ja, wie gesagt, an den Stimulus des Nichtwissens, des Staunens – des Zaubertricks gebunden ist? Wenn ich schon im voraus ungefähr weiß, was du machst, welchen Grund hast dann du oder habe dann ich, noch etwas zu machen?

G. Natürlich, völlig richtig.

K. Trotzdem, die Beobachtung zeigt, daß die Produktivität Nomas anhielt und dieser Kreis keine Einbrüche erlitten hat. Es entstanden ständig Gedichte, Texte, Dialoge und alle möglichen Objekte – ich weiß nicht, ob ich sie Kunstwerke nennen soll, jedenfalls so etwas Künstlerisches. Das bedeutet, daß der Impuls zum Darstellen, zum Produzieren außerhalb des Diskurses lag. Das ist ein subtiles Moment, das ich gerne reflektieren würde. Warum wurden Werke geschaffen, von denen ihr Produzent genau wußte, daß ein anderer genau dasselbe sagen könnte? Warum wurde eigentlich etwas produziert?

G. Ja, das ist ein wichtiges, sogar zentrales Moment.

K. Ich denke (das ist meine Meinung, es wäre natürlich interessant, die anderen Beteiligten zu fragen), es hängt damit zusammen, daß man immer ein Objekt zur Diskussion vorbereitete. Das heißt, jede Arbeit enthielt schon eine bestimmte Frage (wie etwa ein Vortragender seinem Publikum Fragen stellt), auf die man antworten mußte. Das war sozusagen das Gesprächsthema. Alles, was wir damals machten, wurde, wie gesagt, nicht für den außenstehenden Betrachter gemacht, der nichts weiß und den man verblüffen muß, sondern für den nächsten »Vortrag«. Wenn am Freitag Borja Groys kommt oder Monastyrskij, dann mußte man irgendetwas vorbereitet haben und zeigen, das dann zum Auslöser des immer gleichen Diskurses wurde.

Jedenfalls haben wir, als außenstehende Beobachter auftauchten, über ihr Interesse an einer solchen, nun ja, poetischen, einer solchen linguistischen und künstlerischen Praxis eigentlich gestaunt. Überhaupt muß ich sagen, daß Noma sehr stark zwischen »Eigenem« und »Fremdem« trennte.

G. Und du glaubst, daß zwei Typen der Lektüre vorprogrammiert waren: die für die eigenen, eingeweihten Leute und die für die fremden Uneingeweihten?

K. Zweifellos. Man wußte Bescheid oder wußte nicht Bescheid ...

G. Und war eine nichteingeweihte Lektüre möglich?

K. Prigows Milizionär ist ein Beispiel dafür. Wer versteht, der versteht, was der Milizionär ist, und wer es nicht versteht, für den ist er ein Milizionär.

G. Das heißt, es gab etwas, das man doppelte Codierung nennen kann: Für sich selbst und die Freunde gab es eine Ebene der Lektüre, und zugleich eine andere für die anderen.

K. Trotzdem weiß ich nicht, ob ich zum Beispiel den Texten von Monastyrskij, die absolut hermetisch sind, einen solchen doppelten Charakter zuschreiben kann. Ja, ich habe das nicht ganz richtig gesagt. Ich denke, einige an

Noma Beteiligte haben diese doppelte Lektüre reflektiert und erwartet, und andere nicht.

G. Bei dir war diese Erwartung, glaube ich, da.

K. Ja, bei mir ja, bei Prigow auch. Bei den Medizinischen Hermeneuten absolut nicht. Damit will ich sagen, daß einige Beteiligte sich auf die extrovertierte Produktion konzentrierten, den anderen, Uneingeweihten, wie du sagst, etwas zeigen wollten, und einige absolut nicht daran dachten und nur an den eigenen Leuten und der völligen Introversion orientiert waren.

G. Aber trotzdem unterscheiden sich Monastyrskijs Arbeiten von den Arbeiten etwa Schwarzmans dadurch, daß sie, grob gesagt, doch die natürliche Sprache verwenden. Das heißt, sie besiedeln sie mit irgendwelchen anderen Bedeutungen, aber es ist doch eine allgemeinverständliche Sprache.

K. Ja, aber ich muß sagen, daß sie vor allem den an Noma Beteiligten selbst verständlich ist. Was es für einen Außenstehenden bedeutet, Monastyrskijs Texte *Ausflüge vor die Stadt* zu lesen, ist für mich schwer vorstellbar. Bei den Medizinischen Hermeneuten geht diese Eigenheit noch weiter, Termini zu verwenden, die nur den Eingeweihten bekannt sind und die für Außenstehende entweder schwer interpretierbar sind oder von ihnen gar nicht erkannt werden können.

G. Weißt du, ich glaube, daß aus der Sicht Monastyrskijs und auf jeden Fall der Medizinischen Hermeneuten deine Arbeiten oder Prigows Arbeiten in gewissem Sinne naiv sind. Und zwar insofern, als ihr euch das Ziel setzt – und das ist übrigens charakteristisch für die gesamte klassische Postmoderne –, allgemeine, de facto existierende soziale, sprachliche oder künstlerische Strukturen zu beschreiben. Die Medizinischen Hermeneuten gehen umgekehrt davon aus, daß es solche allgemeinen Strukturen wohl überhaupt nicht gibt, daß das nur eine Illusion ist, eine künstlerische Konstruktion, die Frucht der eigenen Phantasie. Das heißt, es ist dasselbe, wie eine Kuh objektiv darstellen zu wollen, die schließlich einer Kuh völlig unähnlich wird. Interessant ist beispielsweise, daß Pepperschtejns Interpretationen deiner Arbeiten sehr stark eben ihren persönlichen, privaten Charakter unterstreichen, aber die für dich charakteristische Einstellung zur Universalität vollkommen ignorieren.

K. Ja, ich denke, hierin unterscheiden sich die beiden Generationen Nomas. Die erste Generation – das ist klar, wer das ist: wohl vor allem Prigow, Rubinstein, du, Bakstein, ich – das ist der Kreis der ersten Generation Nomas. Wir waren überzeugt, daß wir objektive, stabile und ziemlich universelle Konstrukte analysieren. Wenn wir irgendein Wort benutzten, besaßen wir die innere Überzeugung, daß es allgemein bedeutungshaltig ist. Ich muß sagen, daß diese Überzeugung in der folgenden Generation praktisch nicht vorhanden ist.

G. Das glaube ich auch. Sie werden privater.

K. Ja, und Monastyrskij, obwohl er vom Alter her eher der ersten Generation zuzurechnen ist, gehört dennoch zu dieser zweiten Generation. Alexejew, Pepperschtejn, Lejderman – das sind alles Leute, die sich von den Universalien verabschiedet haben, von der Überzeugung, daß diese Begriffe von hinreichend breiten kulturellen Schichten geteilt werden. Es ist eine interessante Frage, warum es dazu gekommen ist. Das bedeutet, in Noma selbst gibt es dafür Grundlagen. Ich denke, die Methoden des Umgangs mit diesen universellen Begriffen waren ziemlich subjektiv. Darin steckt eine gewisse Überheblichkeit und ein gewisser Selbstbetrug der ersten Generation Nomas – daß sie nämlich objektive Dinge vom Standpunkt ebenfalls objektiver Methoden betrachten wollte. Und diesen Schwachpunkt hat die zweite Generation gesehen. Sie hat verstanden, daß das eine Illusion war, daß diese Betrachtung der sprachlichen Strukturen durch und durch improvisiert war. Mehr noch, auf eine von der jeweiligen Persönlichkeit geprägte Weise originell. Und da lag auch eine Quelle der Kreativität, die sie entdeckten.

Sie entdeckten, daß die Kreativität eben in diesem schizosubjektiven Zugang zu Dingen steckt, den es bisher noch nicht gegeben hatte.

G. Aber am Anfang unseres Gesprächs war Kreativität für dich die Logik der Selbstreflexion.

K. Ja, aber welche Ursache bringt diese Maschine in Gang?

G. Du denkst, sie arbeitet nicht von allein?

K. Ich denke, nein. Ich sehe, daß die Grundlage immer, wie sonderbar das auch klingt, Unmotiviertheit ist. Vollkommene Unmotiviertheit treibt dieses Perpetuum mobile des analytischen Rades an. Denselben »drive« sehe ich auch bei Pepperschtejn zum Beispiel, oder bei Lejderman. Was ist das Motiv für die ununterbrochene Analyse der Medizinischen Hermeneuten? Ich glaube, daß das eine vorgefundene Energie ist, die, wie jede Energie, im Zerfall irgendwelcher bis dahin ziemlich gebundener und stabiler Zusammenhänge zutage tritt. Angefangen vom Atomkern und sozialen Revolutionen, sehen wir den Zerfall, den Verfall von Strukturen an Stellen, wo man nicht im entferntesten damit gerechnet hätte.

Schau, wo geschah der Zerfall, und was war der Grund für den Zerfall dieses Diskurses? Ich denke, die erste Generation von Noma ist auf ein sehr interessantes Phänomen gestoßen: In allen traditionellen Untersuchungen in anderen Systemen wurden feste Begriffe oder festgelegte Definitionen – in unserem Fall kulturelle Begriffe – mit ebenso festgelegten kulturellen Methoden analysiert. Es wurden unterschiedliche Methoden der Analyse verwandt, niemals aber die extreme Subjektivierung und der freie Umgang mit festen Strukturen.

In Noma sehen wir zum ersten Mal, und ich weiß nicht, warum, ein extrem unseriöses und subjektives Herangehen an seriöse Dinge. Vielleicht habe ich das Problem zu unpräzise dargestellt, aber das gab dann auch der folgenden Generation die Möglichkeit, dieses Phänomen als ein schizophrenes anzusehen.

G. Ja, natürlich, die Schizophrenie war vorhanden, aber ich muß sagen, daß ich (wobei ich sie persönlich mag und natürlich ihre Arbeiten mag) kein besonderer Anhänger der Ideologie der zweiten Generation bin. Ich bin, wie du richtig sagst, ein Vertreter der ersten Generation von Noma, und ich bin auch nicht geneigt, mich davon loszusagen, weil ich in der zweiten Generation eine Psychologisierung der Kunst sehe, die mir eigentlich fernliegt.

Ich glaube, daß es eine überpersönliche, rein logische, rein abstrakte Maschine der Reflexion gibt und eine, mit ihr übrigens nicht immer zusammenfallende, immanente Logik der künstlerischen Produktion, die alles verarbeiten, inklusive jeder bewußten oder unbewußten Psychologie. Die Medizinischen Hermeneuten erklären sowohl deine Arbeiten als auch die anderer der älteren Generation nicht mit einem abstrakten Interesse an sozialen oder auch beliebigen anderen Strukturen, sondern mit rein psychologischen Bindungen an bestimmte Themen, Dinge usw. Das gibt es gewiß, das kann man nicht leugnen. Natürlich gibt es eine solche psychologische Fixierung, oder sogar Fetischisierung, weil wir nicht mit allen Dingen arbeiten, sondern mit sehr sorgfältig ausgewählten, das heißt, mit psychologisch an uns gebundenen Dingen. Das ist wahr. Aber diese Fetischisierung ist trotzdem in einen bestimmten Prozeß integriert, der nicht intersubjektiven, sondern sogar einfach suprasubjektiven Charakter hat. Das ist die logische Maschine der Sprache der Kunst selbst, die weder Anfang noch Ende hat und der gegenüber wir eher Opfer sind als Handelnde oder Kontrollierende – auch psychologische Opfer.

Wenn man die Produktion von Kunst als psychologisches (schizoides oder beliebig anders geartetes) Phänomen beschreibt, dann entsteht der Eindruck, daß wir diese Maschine unserem persönlichen Unbewußten unterordnen können, daß diese Maschine der Vermittler oder das Werkzeug unserer persönlichen psychologischen Traumata oder Fixierungen wäre. Ich bezweifle das eher. Ich glaube im Gegenteil, daß diese Maschine unsere Psychologie nur als Material benutzt, ohne sich eigentlich mit ihm zu befassen, so daß diese Repsychologisierung oder Reprivatisierung der Kunst noch naiver ist, weil sie die Illusion erzeugt, die Kunst sei ein Bereich der Erfüllung unserer Wünsche, obwohl sie uns in Wirklichkeit ständig frustriert mit ihrer sehr strengen und unerbittlichen inneren Logik, die nichts gemein hat mit unserer wie auch immer verstandenen Psychologie. Die Kunst ist noch grausamer, noch viel antipsychologischer, innerlich kälter und ungemütlicher als das Leben – eben darum kann sie manchmal das Leben besiegen.

Die Frage ist übrigens, ob deine Installation zu Noma nicht neben allem anderen auch die Feststellung bedeutet, daß der Kreis schon nicht mehr existiert.

K. Ich weiß nicht: vielleicht so – heiter, mit einem ziemlichen Schuß Ironie ...

G. Ich habe das Gefühl, daß Noma nicht mehr existiert, weil der Betrachter aufgetaucht ist, die Kommunikation mit der Außenwelt aufgetaucht ist und diese Identifizierung des Betrachters mit dem Produzenten verlorengegangen ist.

K. Zweifellos, ja. Der Betrachter ist aufgetaucht, die Außenwelt ist aufgetaucht ...

G. Und dieser Betrachter, was hat er mit der Reflexion gemacht? Sie vollendet?

K. Er hat einige Dinge gemacht. Solange es keine Außenwelt gab, war die gesamte Außenwelt eben die Welt Nomas. Der ganze Kosmos war mit diesen, sagen wir mal, zwölf Leuten beschrieben. Mit dem Auftauchen der äußeren Welt kam es zu einem Prozeß der Bestrahlung durch diese Außenwelt, und damit orientierten sich alle einzelnen, alle an dieser Sache Beteiligten so um, daß sie kleinere Gruppen bildeten; die Reflexion war nicht mehr total, und der Kreis war nicht mehr für alle transparent, er begann zu zerfallen, erst in die verschiedenen

Generationen, dann in Gruppen, und dann kam es schließlich zum Herausfallen einzelner »Ziegelsteine«, zur Individualisierung, bis zu den einzelnen Spielern dieses Teams.

G. Und was heißt das? Sie waren nicht mehr universell Reflektierende, sondern wurden konkrete Individuen? Sie sind in ihrer Individualität erstarrt?

K. Dieser Prozeß vollzieht sich auf unterschiedliche Weise, und er ist unterschiedlich weit, wie man sagt, fortgeschritten.

G. Sie sind auch zu Stereotypen geworden, oder was sonst?

K. Weißt du, das kann ich gar nicht sagen. Weil dann eine sonderbare Periode der individuellen Schicksale anbrach, und das individuelle Schicksal verdeckt und verschleiert gewissermaßen jene Tendenzen, die in Noma da waren.

G. Aber vorhin hast du von Universalität gesprochen, du hast gesagt, daß Individuelles in hohem Maße nicht vorhanden war, weil es absorbiert war von einer ständigen universalen Reflexion, die nicht-individuell ist.

Wenn wir jetzt diese stabilen Individuen geworden sind, bedeutet das nicht auch, daß wir angesichts der äußeren Welt ein bestimmtes System von Stereotypen entwickelt haben?

K. Weißt du, Borja, es fällt mir sehr schwer, dazu etwas zu sagen, weil jeder der Beteiligten sich im besten Fall in eine Rolle gezwängt oder in eine Person (Person ist einer der zentralen Begriffe Nomas) gezwängt hat, und dieses Personenhafte ist nicht seine innere Identität und Selbstidentifizierung, sondern sozusagen sein Simulakrum, seine »Fälschung«. Darum glaube ich nicht, daß jemand von den an Noma Beteiligten sagen würde, »das ist meine Persönlichkeit, das bin ich«.

G. Aber die Maske verwächst mit dem Gesicht.

K. Ja, aber diesen Prozeß zu beobachten ist außerordentlich schwierig. Die Traditionen Nomas schließen, glaube ich, den Prozeß einer Individualisierung bis ins hohe Alter hin aus.

G. Und was heißt das vor der äußeren Welt?

K. Das ist schwer zu sagen. Ich denke, daß das nichts bedeutet für die äußere Welt, weil die äußere Welt jede Person klischeehaft auffaßt. Darum spielt es keine Rolle, was jemand über sich selbst denkt. Verstehst du, mir ist die ästhetische Gestalt Nomas im Kontext der russischen Kunst nicht klar. Aber ich kann folgendes sagen: Alles, was ist, entwickelt früher oder später erst eine Maske und dann ein Gesicht, oder umgekehrt, und Noma als ziemlich starke, energetische Vereinigung, die einen ziemlichen Haufen von Zeichnungen und Texten produziert hat, wird unweigerlich ein solches Gesicht entwickeln – genauer gesagt, es wird ihm zwangsläufig eine solche Gestalt, irgendein Gesicht zugeschrieben werden.

(Übers. von Gabriele Leupold)

Boris Groys

Die Erfindung Rußlands

Edition Akzente

1995. 256 Seiten

»In *Die Erfindung Rußlands* geht es um den verdeckt-offenen Poker, den die russische Kultur immer schon mit der westlichen gespielt hat. Empfänglich für die ›Unzufriedenheit des Westens mit sich selbst‹, geht die russische Kultur – so die These – mit dem westlichen Blick reflexiv und strategisch um und ›erfindet‹ sich dabei als *das andere* des Westens.« *Die Zeit*

»Groys beweist auch hier sein bewundernswertes Können, das ihn befähigt, komplizierte kunsttheoretische Überlegungen dem Leser in geistreicher, pointiert formulierter Art verständlich zu machen und ihm dabei zu zeigen, wie aktuelle Fragestellungen der Ästhetik und die Situation der Kunst überhaupt mit den gegenwärtig für die kulturelle Entwicklung Rußlands so schwierigen Zeiten des Umbruchs zusammenhängen. ... Der Reichtum an scharfsinnigen Aperçus und an gewandt artikulierten Thesen machen die vorliegenden Studien zur russischen Kultur- und Geistesgeschichte durchwegs zur fesselnden und bereichernden Lektüre; die Gedankengänge, die Groys stilgerecht vorträgt, beeindrucken immer wieder durch ihre Eleganz und Treffsicherheit.« *Die Zeit im Buch*

»Der Reiz der Texte von Boris Groys liegt nicht zuletzt darin, daß sie Rußland zugleich von außen und von innen beschreiben. ... Die Vorliebe des Autors für apodiktische Zuspitzungen und für die Provokation macht die Lektüre aufregend. Das gilt auch für seine Beobachtungen zur Kunst der russischen Avantgarde, des Stalinismus und der russischen Postmoderne, die in dem Band gesammelt sind.« *F.A.Z.*

Boris Groys

Über das Neue

Versuch einer Kulturökonomie

EDITION AKZENTE

1992. 200 Seiten

»Der Essay zeigt Groys ein weiteres Mal als originellen Denker. ... Seine geradezu methodische Ironie, die klassische Anlage der Darlegung, seine mathematische Liebe zur Beweisführung und eine beneidenswert unabhängige Denkweise sorgen für eine fesselnde Mischung aus wissenschaftlicher Seriosität und geistiger Abenteuerlust. Seine genaue, fast beiläufig genutzte Kenntnis der Gegenwartskunst und das dialektische Vergnügen am schnellen Seitenwechsel der Argumentation beweisen die Souveränität des Essayisten. Präzise Pointen und beherzte Schlußfolgerungen bringen frische Luft in das stickige Treibhaus postmodernen Diskurszaubers.« *Die Zeit*

»Groys zeigt in seiner überaus erhellenden und brillanten Studie zur ›Kulturökonomie‹, daß man dem Augenschein und den schnellen Verdikten nicht trauen sollte. ... Ausgiebig und virtuos ficht er gegen das Mißverständnis der Moderne, daß nur eine künstlerische Artikulation wertvoll sei, die authentisch eine außerkulturelle Wirklichkeit wiedergibt. Nicht der Erkenntnisgehalt, nicht die ›Wahrheit‹ mache eine kulturelle Manifestation wertvoll, sondern ihr Standort innerhalb der Kultur.« *Frankfurter Rundschau*

»Groys' brillanter Essay bringt viele wortreiche Beschwörungen kultureller und künstlerischer Innovation auf wohltuende Distanz.« *Der Falter, Wien*

»Ein auf jeder Seite anregender, auch freudig provozierender Essay.« *Die Welt*

Ilya Kabakow/Boris Groys

»Die Kunst des Fliehens«

Dialoge über Angst, das heilige Weiß und den sowjetischen Müll

Aus dem Russischen von Gabriele Leupold

EDITION AKZENTE

1991. 136 Seiten

»*Die Kunst des Fliehens* ist ein ganz und gar verrücktes Buch, ... eine rasante und tragikomische Zimmerreise zu zweit, souverän absolviert von zwei Entfesselungsspezialisten der inneren und äußeren Emigration.« *Die Zeit*

»Das Buch ist als ›typisch russische‹ Seelenzergliederung ebenso packend wie als Analyse gegenwärtiger Befindlichkeit.« *Tages-Anzeiger, Zürich*

»Wer die Installationen Kabakows kennt, seine zu kleinen Szenen installierten Gedanken, wer seine ironisch-poetische Interpretation des verbotenen Blicks über den eigenen Tellerrand kennt, wer seine collagierten Alben mit den Geschichten aus dem täglichen Leben gesehen oder nur den sanften Schrecken der Fenster-Bilder in einem Buch blätternd besichtigt, erkennt in vielen Sätzen in der *Kunst des Fliehens* die lebenserhaltende Quelle eines Misanthropen, der die Menschen trotzdem liebt. ... Ilya Kabakow, der Künstler, vom Philosophen Groys aus dem Schweigen geholt, entwirft in diesem Gespräch vielleicht sein größtes Bild. Kabakow führt mit den Augen des Künstlers über fünfzig Jahre Sowjetunion und zeigt den Menschen, der er glaubt, selbst zu sein. Kein Held, kein Rebell, ein Künstler unter fünfzig Jahren hindurchgetaucht, durch sein Land, das die Sowjetunion ist.«

Frankfurter Rundschau

Boris Groys

Gesamtkunstwerk Stalin

Die gespaltene Kultur in der Sowjetunion

Aus dem Russischen von Gabriele Leupold

EDITION AKZENTE

1988. 136 Seiten

»Boris Groys hat mit seinem Essay die längst fällige Diskussion über das Verhältnis von Avantgarde und Sozialistischem Realismus, von Avantgarde und totalitärer Kultur in Gang gebracht.« *Merkur*

»Groys interpretiert die Geschichte der sowjetischen Kultur aus einer Position der ›Indifferenz‹ und entwickelt mit dem Mut der Resignation ein gewagt schillerndes Narrativ, das durch seinen totalisierenden Anspruch zum Widerspruch herausfordert, aber jedenfalls auch einen ganz neuen Blick auf die sowjetische Kunst des 20. Jahrhunderts öffnet.« *Süddeutsche Zeitung*

»Groys bietet Anregungen zum Nach- und Überdenken in großer Fülle. In einer Zeit, in der die Diskussionen über den Stalinismus in Ost und West neue Nahrung bekommen durch die innersowjetischen Auseinandersetzungen, ist dieser Essay, der sich vornehmlich mit den ästhetischen Prinzipien befaßt, ein ungemein wichtiger Beitrag, der allerdings hohe intellektuelle Anforderungen stellt.«

Neue Zürcher Zeitung

Edition Akzente

Reinhard Baumgart: Glücksgeist und Jammerseele. *Über Leben und Schreiben, Vernunft und Literatur*
John Berger: Und unsere Gesichter, mein Herz, vergänglich wie Fotos
Jean Bollack: Herzstein. *Über ein unveröffentlichtes Gedicht von Paul Celan*
Joseph Brodsky: Römische Elegien und andere Gedichte
Massimo Cacciari: Gewalt und Harmonie. *Geo-Philosophie Europas*
Dino Campana: Orphische Gesänge. Canti Orfici. *Zweisprachig*
Umberto Eco: Zwischen Autor und Text. *Interpretation und Überinterpretation von Texten*
Die Folgen von 1989: *Herausgegeben von Georg Kohler und Martin Meyer*
Vilém Flusser: Dinge und Undinge. *Phänomenologische Skizzen*
Michael Hamburger: Das Überleben der Lyrik. *Berichte und Zeugnisse*
Robert Harrison: Im römischen Regen
Seamus Heaney: Die Hagebuttenlaterne. *Gedichte. Zweisprachig*
Werner Hofmann: Tag- und Nachtträumer. *Über die Kunst, die wir noch nicht haben*
Felix Philipp Ingold: Der Autor am Werk. *Versuche über literarische Kreativität*
Philippe Jaccottet: Fliegende Saat. *Aufzeichnungen 1954–1979*
Konstantin Kavafis: Die vier Wände meines Zimmers. *Verworfene und unveröffentlichte Gedichte*
Danilo Kiš: Homo poeticus. *Gespräche und Essays*
Emmanuel Lévinas: Zwischen uns
Hans Löffler: Nach dem Krieg. *Gedichte*
Verena Lueken (Hrsg.): Kinoerzählungen
Martin Meyer: Ende der Geschichte?
Libuše Moníková: Prager Fenster. *Essays*
Tadeusz Różewicz: Letztendlich ist die verständliche Lyrik unverständlich. *Späte und frühe Gedichte*
Edward W. Said: Der wohltemperierte Satz. *Musik, Interpretation und Kritik*
Dieter Schnebel: Anschläge – Ausschläge. *Texte zur Neuen Musik.*
Charles Simic: Ein Buch von Göttern und Teufeln. *Gedichte. Aus dem Amerikanischen von Hans Magnus Enzenberger*
Botho Strauß: Fragmente der Undeutlichkeit
Antonio Tabucchi: Wer war Fernando Pessoa?
Paul Virilio: Die Eroberung des Körpers. *Vom Übermenschen zum überreizten Menschen*
Marina Zwetajewa: Gruß vom Meer. *Gedichte*